OS/2

griffbereit

von
Stefan Limbach
Angelika Schätzel

SPRINGER FACHMEDIEN WIESBADEN GMBH

Inhaltsverzeichnis

Das in diesem Buch enthaltene Programm-Material ist mit keiner
Verpflichtung oder Garantie irgendeiner Art verbunden. Die Autoren
und der Verlag übernehmen infolgedessen keine Verantwortung und
werden keine daraus folgende oder sonstige Haftung übernehmen,
die auf irgendeine Art aus der Benutzung dieses Programm-Materials
oder Teilen davon entsteht.

Alle Rechte vorbehalten
© Springer Fachmedien Wiesbaden 1988
Ursprünglich erschienen bei Friedr. Vieweg & Sohn Verlagsgesellschaft mbH,
Braunschweig 1988

Das Werk einschließlich aller seiner Teile ist
urheberrechtlich geschützt. Jede Verwertung
außerhalb der engen Grenzen des Urheberrechts-
gesetzes ist ohne Zustimmung des Verlags un-
zulässig und strafbar. Das gilt insbesondere für
Vervielfältigungen, Übersetzungen, Mikrover-
filmungen und die Einspeicherung und Ver-
arbeitung in elektronischen Systemen.

ISBN 978-3-528-04658-3   ISBN 978-3-322-89430-4 (eBook)
DOI 10.1007/978-3-322-89430-4

In dieser Karte finden Sie eine Übersicht über den Befehlsvorrat des neuen Betriebssystems OS/2. Die Version 1.0 von OS/2 enthält bereits einen vollständigen Satz von Befehlen, die die Steuerung der Multitasking-Umgebung von OS/2 erlauben und umfangreiche Dateioperationen zur Verfügung stellen. Wegen der im Vergleich zu MS-DOS erweiterten Möglichkeiten von OS/2 sind neue Anweisungen hinzugekommen, dem Benutzer von MS-DOS wird in OS/2 jedoch vieles bekannt vorkommen. Wo erforderlich, oder wo besonders verwirrend, wird auf Unterschiede zu MS-DOS hingewiesen.

Ähnlich der bekannten Befehlssyntax in MS-DOS können viele OS/2-Befehle mit einer variablen Syntax verwendet werden. Aus diesem Grunde sind für die entsprechenden Befehle jeweils die unterschiedlichen Syntaxformen vollständig angegeben, und die verschiedenen Bedeutungen werden ausführlich besprochen.

Bestandteile der Syntax, die in eckige Klammern eingefügt werden, sind optional und können nach Bedarf angegeben oder fortgelassen werden. Wird ein Befehl ohne optionale Parameter eingegeben, so wird er in seiner Standardform ausgeführt. Die Optionen in eckigen Klammern müssen von Ihnen stets ohne die Klammern eingegeben werden. Die Einfassung eines Parameters in runde Klammern bedeutet, daß aus einer Liste von Optionen eine einzige ausgewählt werden darf. Folgende Bezeichnungen werden in dieser Kurzreferenz verwendet:

aktuelles_laufwerk

bezieht sich auf das derzeit aktuelle Laufwerk, auf das sich standardmäßig alle Eingaben beziehen. Oft wird es in der Systemeingabeaufforderung angezeigt.

geräteeinheit

kann im Prinzip jeden Teil eines Computersystems bedeuten, außer der Zentraleinheit des Computers selbst. Der Bildschirm kann ebenso wie ein Drucker oder Netzwerk als Geräteeinheit angesprochen werden.

laufwerk:

bezieht sich entweder auf eine Festplatte oder auf ein Diskettenlaufwerk. Beide werden auch als Disk bezeichnet, weil sich einige Befehle nicht unterscheiden, wenn sie auf eine Festplatte oder eine Diskette angewendet werden. Ein Streamer kann ebenfalls ein Laufwerk sein.

pfad_name

mit dem Namen *pfad_name* nennt das Verzeichnis in einer Verzeichnisstruktur, auf das sich derzeit alle Befehle standardmäßig beziehen.

programmname

bezeichnet den Namen eines Programms, durch dessen Eingabe die Programme (wie unter DOS) gestartet werden.

programm_parameter

stellen Zusatzinformation dar, die den Programmen beim Start mit auf den Weg gegeben werden.

quell_datei

bezeichnet eine Datei, die als Quelle für benötigte Informationen dient. Eine Quelldatei ist im allgemeinen eine Programmdatei, die keinen ausführbaren Programmcode enthält.

quell_laufwerk

bezieht sich auf das Laufwerk, von dem Informationen gelesen werden.

quell_pfad

bezeichnet das Verzeichnis, aus dem Informationen gelesen werden. Die Information ist Teil einer Datei oder eine vollständige Datei, die im *quell_pfad* steht.

variablen_name

ist ein Platzhalter für variable Werte.

ziel_laufwerk

nennt dasjenige Laufwerk, das Informationen als Empfänger übernimmt.

ziel_pfad

bezeichnet das Verzeichnis, das Informationen übernimmt, sei es als Aufenthaltsort einer *ziel_datei* oder als Zielort einer Dateioperation.

ziel_datei

nennt die Datei, das Informationen als Empfänger übernimmt.

<u>Hinweis:</u> In diesen Namen spielt der Unterstrich _ keine besondere Rolle. Er dient der Übersichtlichkeit und weist darauf hin, daß er als Bestandteil von Namen in der Befehlssyntax erlaubt ist.

Dateigruppenzeichen

Nicht immer müssen Dateinamen genau angegeben werden. So können einzelne Buchstaben durch ein Fragezeichen ersetzt werden. Ein Fragezeichen kann in einem Dateinamen nur ein einziges Zeichen ersetzen. Die Verwendung beliebig vieler Fragezeichen ist allerdings möglich.

Ein Asteriskzeichen * kann dagegen eine beliebig große Gruppe von Zeichen ersetzen, auch vollständige Namen.

Beispiele

Diese Angabe	**... gilt auch für:**
TEXT?.DOC	TEXT1.DOC, TEXTE.DOC,
TEXT4.DOC	
TEX??.D?C	TEXT1.DOC, TEX25.DIC,
TEXTE.DIC	
*.DOC	BILD.DOC, TEXT_12.DOC
G*.*	GESCH.DAT, GBRIEF.TXT
.	Alle Dateien

<u>Vorsicht:</u> Die Verwendung von * kann unerwünschte Folgen zeigen, wenn der Wirkungsbereich nicht vollständig klar ist (dies gilt besonders bei Löschoperationen!).

ANSI

Syntax

ANSI [(ON) (OFF)]

(Protected Mode)

Dieser Befehl installiert ANSI-Gerätetreiber, die einen erweiterten Befehlssatz zur Steuerung von Geräteeinheiten, wie Bildschirm und Tastatur, erlauben. Die ANSI-Escape-Sequenzen bestehen aus einer Serie spezieller Anweisungen zur Einstellung der Bildschirmfarben und für die Kontrolle des Cursors. Sie sind geräteunabhängig und erlauben die programmgesteuerte Gestaltung einer attraktiven Bildschirmdarstellung.

Damit die ANSI-Sequenzen im Kompatibilitätsmodus zur Verfügung stehen, muß in die Datei CONFIG.SYS der Gerätetreiber ANSI.SYS aufgenommen werden.

Nach der Eingabe von ANSI ON stehen unter OS/2 im Protected Mode die ANSI-Escape-Sequenzen zur Verfügung. Die Programmdokumentation sollte Hinweise dahingehend enthalten, ob die ANSI-Unterstützung zum Betrieb des Programmes erforderlich ist oder nicht.

Beispiel

```
ANSI
```

Diese Eingabe ohne Parameter zeigt den aktuellen Status des Systems an.

```
ANSI ON
```

oder

```
ANSI OFF
```

ANSI ON schaltet die ANSI-Escapesequenzen ein.

APPEND

Syntax

append [[laufwerk:]pfad] [; [laufwerk]pfad] [...] [/E]

(DOS-Kompatibilitätsmodus)

Diese Funktion gibt für das Programm den Pfad vor, in dem Programme nach Datendateien suchen.

Normalerweise suchen Programme nach den Dateien im Standardlaufwerk oder im angegebenen Standardpfad. Die Anweisung APPEND übergibt OS/2 eine Liste von Verzeichnissen, die durchsucht werden, sollte die angegebene Datei im Standardverzeichnis nicht gefunden werden. Mit dieser Anweisung können Programme bedienungsfreundlicher eingesetzt werden, die noch nicht für die Arbeit mit Dateien auf der Festplatte entwickelt wurden. Bei der Installation einer solchen Software auf einer Platte ist sie nicht in der Lage, Daten-, Include- oder Overlay-Dateien zu finden. Durch die Angabe eines speziellen Pfadnamens in der Anweisung APPEND wird dem Programm die erfolgreiche Suche nach Dateien ermöglicht.

Durch die Eingabe von

```
APPEND ;
```

wird die Ausführung des Befehls desaktiviert und OS/2 sucht nicht mehr in den zuvor angegebenen Verzeichnissen nach Dateien.

Die Option */E* stellt sicher, daß die Werte von APPEND in einer definierten Suchumgebung verbleiben, bis die Gültigkeit des Befehls beendet wird. Dies ermöglicht Stapelverarbeitungsdateien das Durchsuchen von APPEND-Verzeichnissen durch das Überprüfen mit der Anweisung *%APPEND%* in einer Stapelverarbeitungsdatei, etwa in der Datei AUTOEXEC.BAT.

Soll gleichzeitig die Anweisung ASSIGN verwendet werden, muß APPEND stets vor ASSIGN ausgeführt werden.

Beispiel

Eine Textverarbeitung verfügt im Verzeichnis C:\WS über Overlaydateien; zunächst wird jedoch das Standardverzeichnis durchsucht. Zusätzlich wird häufig eine Tabellenkalkulation verwendet, die in den Verzeichnissen C:\FINANZEN, C:\GESCHÄFT\BERICHTE und D:\AUFZEICH sucht. Damit der Benutzer von der manuellen Wahl der Verzeichnisse befreit werden kann, läßt sich der APPEND-Befehl auf folgende Weise einsetzen:

```
APPEND C:\WS; C:\Finanzen; C:\Geschäft\Berichte; D;\aufzeich
```

ASSIGN

Syntax

assign [aktuelles_laufwerk = neuer_laufwerk_name] [...]

(DOS-Kompatibilitätsmodus)

Diese Funktion erlaubt die Zuordnung einer beliebigen Laufwerksbezeichnung an ein Diskettenlaufwerk. So können zum Beispiel alle Zugriffe auf Laufwerk B an Laufwerk C umgeleitet werden.

Die Anweisung ermöglicht die Arbeit mit Programmen, die nur in einem bestimmten Laufwerk nach Dateien suchen können, indem jede Programmanfrage vom Betriebssystem einfach an das angegebene zweite Laufwerk weitergereicht wird. Wenn eine Textverarbeitung stets nach einer Temporärdatei in Laufwerk A sucht, kann die Anweisung ASSIGN dazu herangezogen werden, daß auf Laufwerk C statt auf Laufwerk A gesucht wird. Die Ausführung dieses Befehles kann durch die Eingabe von ASSIGN abgebrochen werden.

Vor der Verwendung der Anweisungen BACKUP, RESTORE, LABEL, JOIN, SUBST und PRINT sollte sichergestellt werden, daß die Ausführung der Neuzuordnung (*Assignment*) abgeschlossen ist.

Weitere Anweisungen zur Umleitung von Laufwerksanfragen finden Sie unter SUBST.

Beispiel

Falls ein Programm in Laufwerk A nach einer Utility sucht, diese sich jedoch in Laufwerk C befindet, kann die Anfrage durch folgende Eingabe an Laufwerk A umgeleitet werden:

```
ASSIGN C = A
```

Nach der Beendigung der Arbeit mit dem Programm sollte die ASSIGN-Zuweisung durch folgende Eingabe rückgängig gemacht werden:

```
ASSIGN
```

Hinweis: Diese Anweisung ist aus Kompatibilitätsgründen in der vorliegen-
den Version von OS/2 enthalten und wird in späteren OS/2-Versionen
nicht unbedingt verfügbar sein. Aus diesem Grunde empfiehlt sich statt
dessen die Verwendung der Anweisung SUBST.

ATTRIB

Syntax

attrib [(+) (-)R] [(+) (-)A] [laufwerk:] [pfad]datei [/S]

(Protected Mode, DOS-Kompatibilitätsmodus)

Diese Anweisung verändert die Dateiattribute READ ON-
LY und ARCHIV.

Das Dateiattribut READ ONLY bestimmt, ob in eine Datei geschrieben oder ob sie ausschließlich gelesen werden
kann.

Bei gesetztem Attribut READ ONLY kann ein Programm
die Datei nur lesen, die Daten der Datei jedoch nicht modifizieren oder löschen. Das Attribut kann mit der Option
+R gesetzt werden. Die Datei kann dann nur noch gelesen
werden.

-R setzt das Attribut *Nur-Lesen* (*read only*) zurück. Die
Datei kann danach beschrieben oder modifiziert werden.

Das ARCHIV-Attribut wird verwendet, um solche Datei-
en zu kennzeichnen, die seit ihrer letzten Sicherung
(*backup*) modifiziert wurden. Bei gesetztem ARCHIV-Bit
können Sie die Datei mit den BACKUP-Routinen
(BACKUP, RESTORE, XCOPY) sichern. Das ARCHIV-
Bit kann durch die Angabe von +A gesetzt werden. Bei
der nächsten Sicherung des Datenträgers wird die Datei
ebenfalls für eine Sicherungskopie übertragen.

-A setzt das Archiv-Attribut zurück. Ist das ARCHIV-Bit
zurückgesetzt, wird die korrespondierende Datei bei einem
BACKUP nicht gesichert.

Der Status der Dateiattribute kann durch die Eingabe von
ATTRIB ohne die Optionen R und A überprüft werden.
Nach dieser Eingabe werden die gesetzten Dateiattribute
angezeigt.

In Dateinamen können auch Dateigruppenzeichen (*Wild-
cards*) verwendet werden. Bei der Verwendung der Option
/S wird die Anweisung ATTRIB auf alle Unterverzeichnisse des aktuellen Verzeichnisses angewendet.

Beispiele

Um die Attribute der Datei MEIN.TXT im aktuellen Verzeichnis des aktuellen Laufwerks zu überprüfen, muß folgender Befehl eingegeben werden:

```
ATTRIB MEIN.TXT
```

Die Datei MEIN.TXT im Verzeichnis \TEXTE des aktuellen Laufwerkes soll als READ ONLY-Datei markiert
werden; dazu muß folgende Eingabe gemacht werden:

```
ATTRIB +R \Texte\MEIN.TXT
```

Die ARCHIV- und READ ONLY-Bits sämtlicher Dateien
im Verzeichnis \TEXTE in Laufwerk A und von sämtli-
chen Unterverzeichnissen des Verzeichnisses A:\TEXTE
sind zurückzusetzen; es wird folgende Syntax verwendet:

```
ATTRIB -A -R A:\TEXTE\*.* /S
```

BACKUP

Syntax

backup [quell_laufwerk:] [quell_pfad] [quell_datei]
[ziel_laufwerk] [/S] [/M] [/A] [/F] [/D:datum] [/T:zeit]
[/L:log_datei]

(Protected Mode, DOS-Kompatibilitätsmodus)

Die Funktion BACKUP sichert Dateien eines Datenträgers
auf eine Sicherungsdiskette/-platte. Üblicherweise wird
der Befehl dazu herangezogen, den Inhalt einer Festplatte
auf Disketten zu sichern.

Auch wenn Festplatten heutzutage sehr sicher arbeiten,
besteht stets die Gefahr, daß Dateien auf einer Platte
durch technisches Versagen zerstört werden. Verantwor-
tungsvoller Umgang mit Daten bedeutet daher, daß der
wichtige Datenbestand einer Festplatte regelmäßig gesichert wird. Selbstverständlich kann BACKUP auch zum
Sichern anderer Disketten eingesetzt werden.

Wenn eine Sicherungskopie angelegt wird, fordert OS/2
die Eingabe einer neuen Diskette und warnt gleichzeitig
mit einem Hinweis, daß jegliche darauf gespeicherten Daten überschrieben werden. Es empfiehlt sich, eine entsprechende Menge von Disketten für die regelmäßige Sicherung der Festplatte bereitzuhalten. Zur Sicherung des
Datenbestandes einer Festplatte mit hoher Kapazität sind
oft 20 oder mehr Disketten erforderlich. Es empfiehlt sich
eine durchlaufende Numerierung der Disketten zur Ver-
einfachung dieser aufwendigen Prozedur. So könnten die
Disketten die Namen BACKUP_1 bis BACKUP_20 erhalten.

Durch die Einstellung spezieller Optionen kann BACKUP
verwendet werden, um eine einzelne Datei, ein Unterverzeichnis, eine Gruppe von Dateien oder alle Dateien der
gesamten Festplatte zu sichern.

Sollten Sie vorher JOIN, ASSIGN oder SUBST verwendet
haben, empfiehlt es sich, die Gültigkeit dieser Anweisungen zu desaktivieren.

Optionen

/S. Mit */S* werden die Unterverzeichnisse des angegebenen Verzeichnisses gesichert.

/M. Nur die Dateien werden gesichert, die sich seit der
letzten BACKUP-Operation veränderten.

/A. Dateien, die sich bereits auf den Disketten befinden,
werden durch die Aufnahme der Sicherungsdateien nicht
zerstört.

/F. Wird zur Sicherung eine unformatierte Diskette herangezogen, so wird diese gleichzeitig formatiert.

/D:Datum. Nur die Dateien, die seit dem angegebenen
Datum verändert wurden, werden gesichert.

/T:Zeit. Es werden nur die Dateien gesichert, die zu oder
vor dem angegebenen Zeitpunkt verändert wurden.

/L:Log_Datei. In einer Journaldatei werden Informationen über die vorgenommene Sicherung gespeichert. Wird
diese Option nicht verwendet, so wird eine Datei mit Namen BACKUP.LOG im Stammverzeichnis der gesicherten
Platte angelegt.

<u>Hinweis:</u> Zusammen mit BACKUP ist auch der Befehl RESTORE wichtig.

Beispiele

Falls sämtliche Dateien im Verzeichnis C:\TEXTE auf Disketten im Laufwerk A gesichert werden sollen, empfiehlt sich die Verwendung des folgenden Befehls:

BACKUP C:\TEXTE A: /S/F

Um alle Dateien einer Festplatte auf Disketten im Laufwerk A zu sichern, kann eingegeben werden:

BACKUP C:\ A: /S/F

Um sämtliche Dateien im Verzeichnis C:\TEXTVERZ, die nach der Mittagspause des 25.4.88 angelegt wurden, zu sichern, wird folgender Befehl verwendet:

BACKUP C:\TEXTVERZ A: /F /D:4/25/88 /T:13:00

BREAK

Syntax

break [(ON)(OFF)]

(DOS-Kompatibilitätsmodus)

Diese Anweisung aktiviert oder desaktiviert CTRL-C und CTRL-Break für den Abbruch von OS/2-Anweisungen, die sich gerade in der Ausführung befinden.

CTRL-C oder CTRL-Break können dazu herangezogen werden, die Ausführung eines Programmes zu unterbrechen. Normalerweise überprüfen Programme die Aktivierung dieser Tastenkombinationen nur, wenn sie eine Ausgabe an den Bildschirm übergeben oder Eingaben von der Tastatur lesen.

Wenn BREAK auf ON gesetzt wird, überprüft OS/2 vor der Ausführung jeder internen Funktion, ob die Tastenkombinationen CTRL-Break oder CTRL-C gedrückt wurden. Hierdurch wird das Programm zwar in seinem Ablauf verlangsamt, die Unterbrechungsmöglichkeit jedoch gleichzeitig vereinfacht. Es empfiehlt sich, BREAK auf ON zu setzen, wenn ein Programm noch Fehler enthält, oder wenn ein Programm verwendet wird, das viele Berechnungen ausführt, aber nur selten Ausgaben auf den Bildschirm vornimmt oder von der Tastatur liest. Werden überwiegend Programme wie Tabellenkalkulationen oder Textverarbeitungssysteme eingesetzt, empfiehlt es sich, BREAK auf OFF zu setzen.

<u>Hinweis:</u> Diese Anweisung steht ausschließlich im DOS-Kompatibilitätsmodus zur Verfügung.

Die Angabe von BREAK ohne weitere Parameter veranlaßt OS/2 zur Ausgabe des aktuellen BREAK-Status.

Beispiele

Ein Programm, das gerade fertiggestellt wurde, soll fehlerfrei gemacht werden. Da es eventuell noch schwerwiegende Fehler enthält, empfiehlt es sich, BREAK mit folgender Syntax auf ON zu setzen:

BREAK ON

Nach der Beendigung der Arbeit mit dem Programm und der nachfolgenden Verwendung einer Textverarbeitung empfiehlt es sich zur Steigerung der Verarbeitungsgeschwindigkeit, die BREAK-Option mit folgender Syntax auf OFF zu setzen:

BREAK OFF

CHCP

Syntax

chcp [code_seite_zahl]

(Protected Mode, DOS-Kompatibilitätsmodus)

Die Funktion wählt die angegebene Codeseite zur Darstellung auf dem Bildschirm.

Die Codeseite legt fest, welcher Zeichensatz für Ausgaben auf dem Bildschirm verwendet wird. Somit erlauben Codeseiten die automatische Darstellung von fremdsprachlichen Zeichensätzen. Normalerweise ist es nicht erforderlich, die Codeseite zu verändern. Man kann eine von zwei Codeseiten zur Verwendung anwählen. Die zwei zur Auswahl stehenden Codeseiten können in der Datei CONFIG-.SYS angegeben werden. Mit folgendem Befehl kann überprüft werden, welche Codeseiten zur Verfügung stehen:

CHCP

Zur Auswahl einer Codeseite wird die Syntax um den Parameter *code_seite_zahl* erweitert:

CHCP code_seite_zahl

Liste der gültigen Werte für *code_seite_zahl*:

    437 USA

    850 Multilingual

    860 Portugiesisch

    863 Französisch-Kanadisch

    865 nordische Sprachen

Ergänzende Hinweise zu diesem Befehl finden Sie im Abschnitt über die Datei CONFIG.SYS.

Beispiele

Anzeige der möglichen Codeseiten:

CHCP

Falls die Antwort eine Zahl zwischen 437 und 860 ergibt, können Sie zwischen zwei Zeichensätzen wählen: USA oder Multilingual. Zur Auswahl des portugiesischen Zeichensatzes wird eingegeben:

CHCP 860

CHDIR oder CD

Syntax

cd [[laufwerk:]pfad]

(Protected Mode, DOS-Kompatibilitätsmodus)

Mit dieser Anweisung können Sie das aktuelle Verzeichnis erfragen oder ein neues aktuelles Verzeichnis festlegen.

Falls überwiegend mit Dateien aus einem vorgegebenen Verzeichnis gearbeitet werden soll, kann man mit dem Befehl CHDIR dieses Verzeichnis als Standardverzeichnis anwählen. Sämtliche Angaben zu Dateien (Dateireferenzen) beziehen sich nach der Auswahl eines Standardverzeichnisses nur auf dessen Inhalt. Falls das gewählte Verzeichnis beispielsweise \TEXTVERZ ist, ergibt die Eingabe von DIR eine Bildschirmanzeige sämtlicher Dateien des Verzeichnisses \TEXTVERZ.

Um nachzuschauen, welches Verzeichnis das gültige Standardverzeichnis ist, können Sie CHDIR ohne Parameter eingeben. Die Systemeingabeaufforderung gibt das gewählte Standardverzeichnis an, wenn sie mit *$P* konfiguriert wurde.

Zur Angabe eines neuen Verzeichnisses gehört die Eingabe eines Pfadnamens. Wenn Sie die Angabe eines Pfadnamen mit dem umgekehrten Schrägstrich \ beginnen, wird der Pfadname vom Stammverzeichnis aus angelegt. Wenn Sie keinen umgekehrten Schrägstrich angeben, wird der Pfad vom aktuellen Verzeichnis aus gesetzt.

Beispiele

Wenn Sie überwiegend im Verzeichnis C:\TEXTVERZ arbeiten wollen, können Sie es durch folgende Eingabe zum Standardverzeichnis machen:

```
CHDIR \TEXTVERZ
```

Als Abkürzung kann auch die folgende Eingabe verwendet werden:

```
CD \TEXTVERZ
```

Sie können dabei eventuell beobachten, wie sich die Eingabeaufforderung des Systems verändert. Falls Sie vor der Eingabe der Anweisung nicht in Laufwerk C:\ waren, so müssen sie zunächst auf das Laufwerk C:\ wechseln, indem sie *C:* eingeben. Soll danach überwiegend im Unterverzeichnis \TEXTE des Verzeichnisses \TEXTVERZ gearbeitet werden, kann dieses Verzeichnis zum Standardverzeichnis gemacht werden. Geben Sie bitte ein:

```
CD TEXTE
```

oder

```
CD \TEXTVERZ\TEXTE
```

Sie können zum Verzeichnis TEXTVERZ zurückgelangen, indem Sie eingeben:

```
CD..
```

oder

```
CD \TEXTVERZ
```

Um zurück zum Stammverzeichnis zu verzweigen, müssen Sie eingeben:

```
CD \
```

Soll der Name des Standardverzeichnisses geliefert werden, etwa weil die Systemeingabeaufforderung die Uhrzeit und den Pfad nicht nennt, kann folgende Syntax verwendet werden:

```
CD
```

Das aktuelle Verzeichnis in Laufwerk A können Sie wie folgt erfahren:

```
CD A:
```

CHKDSK

Syntax

chkdsk [laufwerk:] [[pfad]datei] [/F] [/V]

(Protected Mode, DOS-Kompatibilitätsmodus)

Die Funktion überprüft Disketten und Festplatten und gibt eine Meldung bezüglich etwaiger Fehler aus. Im DOS-Kompatibilitätsmodus wird gleichzeitig der freie verfügbare Arbeitsspeicher angezeigt.

Nach der Überprüfung einer Diskette oder Platte wird ausgegeben, wieviel Speicherplatz darauf belegt ist und ob Dateizuordnungsfehler gefunden wurden. Gelegentlich

schreiben fehlerhafte Programme Dateien nicht korrekt
auf den Datenträger, und es werden Sektoren als belegt
gemeldet, die eigentlich keiner Datei zugeordnet sind.
CHKDSK behebt nach der Angabe entsprechender Optionen die Fehler.

Die Verwendung des Befehles empfiehlt sich von Zeit zu
Zeit, um etwaige versteckte Disketten- oder Plattenfehler
zu entdecken und zu korrigieren.

Die Angabe eines Dateinamens, die auch Dateigruppenzeichen enthalten kann, veranlaßt CHKDSK zu einem Be-
richt bezüglich der Fragmentierung der genannten Datei.
Aus technischen Gründen ist eine möglichst zusammenhängende Speicherung einer Datei wünschenswert, aber
besonders auf fast vollen Disks kann dies nicht immer erreicht werden. Dies kann durch die Verwendung des Befehles XCOPY beim Kopieren auf einen anderen, oder
(mit verschiedenen Utilities) auf denselben Datenträger
behoben werden.

Optionen

/F. Die Option weist OS/2 an, gefundene Dateifehler zu
beheben. Die Verwendung der Option */F* sollte vermieden
werden, wenn CHKDSK sich selbst auf dem zu überprü-
fenden Datenträger befindet. Befindet sich CHKDSK also
auf Laufwerk C, so sollten Sie nicht *CHKDSK C:/F* eingeben.

/V. Die Option weist OS/2 an, die Namen der überprüf-
ten Dateien auszugeben.

Hinweis: Vor der Ausführung von CHKDSK müssen die Anweisungen JOIN
oder SUBST desaktiviert werden. Die Option /F darf auch nicht verwendet
werden, solange im Hintergrund gedruckt wird, das heißt, ein Druckerspoo-
ler aktiviert ist.

Beispiele

Es soll überprüft werden, wieviel Speicherplatz auf einem
Datenträger zur Verfügung steht:

CHKDSK

Im DOS-Kompatibilitätsmodus wird der verfügbare Arbeitsspeicher ebenfalls angegeben.

Dasselbe für einen Datenträger in Laufwerk A:

CHKDSK A:

Wenn CHKDSK Probleme mit Dateien im Laufwerk C
anzeigt, so können diese wie folgt behoben werden:

CHKDSK C: /F

Zur Überprüfung der Fragmentierung der Datei
C:\LAN\BIN\TOOLS.EXE wird eingegeben:

CHKDSK C:\LAN\BIN\TOOLS.EXE

CLS

Syntax
cls

(Protected Mode, DOS-Kompatibilitätsmodus)
Mit dieser Anweisung wird die Bildschirmdarstellung gelöscht.

Nach der Beendigung von Anwendungsprogrammen können Reste der Ausgabe auf dem Bildschirm verbleiben.
CLS löscht den Bildschirm und setzt den CURSOR in die
linke obere Bildschirmecke.

Beispiele

Nachdem ein Programm mit der Tastenkombination CTRL-C beendet wurde und daher eine Grafik auf dem Bildschirm zurückbleibt, kann der Bildschirm wie folgt gelöscht werden:

```
CLS
```

CMD

Syntax

cmd [laufwerk:] [pfad] [(/C string)(/K string)]

(Protected Mode)

Diese Funktion startet eine Kopie des Befehlsinterpreters im Protected Mode unter OS/2. Eine typische Verwendung ist der Aufruf einer zweiten OS/2-Shell während einer vorübergehenden Unterbrechung des gerade ablaufenden Programms.

Optionen

/C. Die Option weist OS/2 zur Ausführung der in *string* enthaltenen Anweisungen an. Anschließend kehrt OS/2 zum aufrufenden Programm zurück. Die Option erlaubt einem Anwenderprogramm die Ausführung von OS/2-Anweisungen oder die Ausführung anderer Programme, während des Ablaufs der ersten Programms.

/K. Die Option */K* weist OS/2 zur Ausführung der Anweisungen in *string* an, wobei danach im neuen Befehlsinterpreter verblieben wird. Das führt zur Anzeige der OS/2-Eingabeaufforderung auf dem Bildschirm. Der Anwender kann nun weitere OS/2-Anweisungen eingeben oder Programme ausführen.

Die Rückkehr zum aufrufenden Befehlsinterpreter erfolgt wie unter MS-DOS mit der Anweisung EXIT.

Es kann ein Laufwerk und ein Pfadname angegeben werden. Mit diesen Angaben sucht OS/2 den zweiten Befehlsinterpreter.

Ein Vorteil des Ladens eines neuen Befehlsinterpreters ist die Möglichkeit zur Änderung der Systemumgebung ohne dabei die Systemumgebung des ersten Befehlsinterpreters zu modifizieren.

Weitere Hinweise zur Arbeit mit sekundären Befehlsinterpretern finden Sie bei den Erklärungen zu den Befehlen COMMAND, EXIT und START.

Beispiel

Bei der Erstellung eines Programmes, in dem der Anwender interne OS/2-Anweisungen ausführen können soll, kann die Anweisung CMD eingesetzt werden. Hierdurch muß der Anwender ein laufendes Programm nicht verlassen, um eine neue Session zu starten, sondern das Programm wird nur unterbrochen.

Die Einbindung folgender Befehlszeile erlaubt die Unterbrechung:

```
CMD /C anweisungen
```

COMMAND

Syntax

command [laufwerk:] [pfad] [(/P)(/C s)]
[/E umgebungsgröße]

(DOS-Kompatibilitätsmodus)

Diese Funktion startet einen zweiten Befehlsinterpreter im
DOS-Kompatibilitätsmodus.

Normalerweise wird die Anweisung nach dem Erscheinen
der DOS-Eingabeaufforderung nicht ausgeführt. Vielmehr
wird diese Anweisung von Programmen verwendet, die
eine Shell-Option besitzen. Hierdurch ist der Anwender in
der Lage, ein Programm zu unterbrechen, DOS-Anweisungen auszuführen und danach an die Stelle im Programm zurückzukehren, an der die Arbeit unterbrochen
wurde.

Optionen

/P. Diese Option hält den zweiten Befehlsinterpreter so
lange aktiv, bis DOS erneut gestartet wird. Die Option
wird in der Datei CONFIG.SYS eingesetzt, um die Größe
des Umgebungsspeichers festzulegen.

/C. Durch */C* wird die DOS-Anweisung in *string* ausgeführt und nach Ende der Ausführung sofort zum unterbrochenen Programm zurückgekehrt.

/E. Diese Option definiert die Größe der Umgebung. Die
Umgebungsgröße muß zwischen 160 und 32768 Bytes liegen. Normalerweise wird diese Option zusammen mit /P
in der Datei CONFIG.SYS verwendet.

Ohne Angabe der Optionen /C oder /P wird der neue Be-
fehlsinterpreter gestartet, und der Anwender kann DOS-
Anweisungen im Kompatibilitätsmodus ausführen und
Programme starten. Mit der Anweisung EXIT kann man
zum ersten Befehlsinterpreter oder zum unterbrochenen
Programm zurückkehren.

Weitere Hinweise zu sekundären Befehlsinterpretern finden Sie bei den SHELL- und CMD-Anweisungen im Abschnitt zu CONFIG.SYS.

Beispiel

Bei der Arbeit mit einer Textverarbeitung in der Kompa-
tibilitätsbox soll der Anwender in der Lage sein, unter
OS/2 DOS-Anweisungen ausführen zu können. Gleichzeitig sollen weitere Programme ausgeführt werden können,
ohne daß die Textverarbeitung verlassen werden muß.
Dies wird durch den Start eines zweiten Befehlsinterpreters ermöglicht:

COMMAND

Nach der Eingabe von EXIT wird die Ausführung des
unterbrochenen Textverarbeitungsprogramms fortgesetzt.

COMP

Syntax

comp [gruppe1_laufwerk] [gruppe1_pfad]
[gruppe1_datei] [gruppe2_laufwerk] [gruppe2_pfad]
[gruppe2_datei]

(Protected Mode, DOS-Kompatibilitätsmodus)

Die Anweisung vergleicht den Inhalt einer Gruppe von
Dateien mit dem Inhalt einer weiteren Dateigruppe. Sie
dient der Ermittlung der Dateipositionen, an denen Ver-
änderungen vorgenommen wurden. So kann während einer
Programmieraufgabe eine frühere Arbeitsversion eines
Quellcodes mit einer späteren Version verglichen werden.
COMP liefert die Positionen in den Dateien, an denen un-
terschiedliche Byte-Werte gefunden werden.

In den Dateinamen dürfen Dateigruppenzeichen verwendet werden. COMP vergleicht die erste Angabe in der ersten Gruppe mit der ersten Angabe in der zweiten Gruppe.

Ohne Angabe eines Dateinamens vergleicht COMP sämtliche Dateien in einem Verzeichnis mit allen Dateien in einem anderen Verzeichnis.

COMP beendet die Ausführung, wenn beim Vergleich
zehn sich unterscheidende Stellen gefunden wurden. Es ist
auch möglich, Dateien unterschiedlicher Größe miteinander zu vergleichen.

Beispiel

Sämtliche Pascal-Dateien im Verzeichnis \T4 können mit
früheren Dateiversionen, die mittlerweile auf einer Diskette gespeichert wurden, mit folgender Anweisung verglichen werden:

```
COMP \T4\*.PAS A:
```

COPY

Syntax

copy [quell_laufwerk:] [quell_pfad] [quell_datei]
[(/A)(/B)] [ziel_laufwerk:] [ziel_pfad] [ziel_datei]
[(/A)(/B)] [/V]

copy [quell_laufwerk:] [quell_pfad] [quell_datei]
[(/A)(/B)] + [quell_laufwerk:] [quell_pfad] [quell_datei]
[(/A)(/B)] [+ ...] [quell_laufwerk:] [quell_pfad]
[quell_datei] [(/A)(/B)] [(/A)(/B)] [/V]

(Protected Mode, DOS-Kompatibilitätsmodus)

Diese Anweisung kopiert eine Datei oder eine Gruppe von
Dateien.

Die Dateien können auf andere Disketten oder in andere
Verzeichnisse kopiert werden und bei diesem Prozeß auch
mit einem neuen Namen versehen werden (*rename*). So
können zu Sicherungs- oder Transportzwecken Dateien
auf eine Diskette kopiert werden. Dateien können in andere Verzeichnisse übertragen werden, womit eine Möglichkeit zur Festplattenorganisation zur Verfügung steht.
Mit dem COPY-Befehl können Dateien auch miteinander
verknüpft werden, da als Zieleinheit einer Kopieroperation die Angabe eines Dateinamens zulässig ist. Es wird
dabei die eine Datei nicht durch eine andere überschrieben, sondern die Inhalte beider Dateien erscheinen nun in
einer Datei.

Sowohl bei den Ziel- als auch bei den Quellnamen können Dateigruppenzeichen eingesetzt werden. Wenn der Zieldateiname nicht angegeben wird, tragen die kopierten Dateien am Zielort denselben Namen wie die Quelldateien.

Falls im angegebenen Zielverzeichnis bereits eine Datei mit dem gleichen Namen existiert, führt die Ausführung der Anweisung COPY zum Überschreiben der zuerst abgelegten Datei. Zur Vermeidung des Überschreibens empfiehlt sich die Verwendung des Befehls XCOPY.

Normalerweise müssen die Optionen /A, /B oder /V nicht verwendet werden. Der Einsatz von /A und /B ist bei einer Verknüpfungsoperation von Dateien empfehlenswert.

Optionen

/V. Die Option weist OS/2 an, die ordnungsgemäße Speicherung der Datei am Zielort zu verifizieren.

/A. Die Option */A* hat bei der Angabe für Quell- und Zieldateien unterschiedliche Wirkungen:

> Die Angabe der Option zusammen mit einer Quelldatei veranlaßt OS/2 zum Einlesen der Datei im ASCII-Format. Die Datei wird bis zur Ende-der-Datei-Marke (EOF) gelesen.

> Zusammen mit einer Zieldatei bewirkt die Option, daß eine Ende-der-Datei-Marke gesetzt wird.

/B. Auch */B* hat mit Quell- und Zieldatei unterschiedliche Auswirkungen:

> Bei der Verwendung mit einer Quelldatei teilt die Option /B dem Betriebssystem mit, daß es sich um eine Binärdatei handelt. Die Datei wird so lange gelesen, bis die Anzahl spezifizierter Bytes kopiert wurde.

> Zusammen mit einer Zieldatei verhindert die Option, daß OS/2 eine Ende-der-Datei-Marke einsetzt.

Die Optionen */A* und */B* behalten ihre Gültigkeit, bis eine anderen */A*- oder */B*-Option aufgerufen wird.

Vielfältige Möglichkeiten zur Ausführung von Kopiervorgängen bietet auch der Befehl XCOPY.

Beispiele

Der Befehl COPY wird zum Kopieren einer einzelnen Datei unter Beibehaltung des Dateinamens verwendet. Die Kopie der Datei GBRIEF.TXT aus dem Verzeichnis C:\TEXTBRI auf eine Diskette in Laufwerk A erfolgt mit dem Befehl:

```
COPY C:\TEXTBRI\GBRIEF.TXT A:
```

Zum Kopieren einer Gruppe von Dateien mit der Namenserweiterung .BRI unter Beibehaltung der Dateinamen von Laufwerk A in das Verzeichnis C:\PAS, wird folgende Syntax verwendet:

```
COPY A:*.BRI C:\PAS
```

Das Kopieren von einem Verzeichnis in ein anderes zur Übertragung sämtlicher Dateien des Verzeichnisses \TEXTBRI in das Verzeichnis \ALTBRIEF wird mit dem Befehl erreicht:

COPY \TEXTBRI \ALTBRIEF

Zum Kopieren einer einzelnen Datei, die in der kopierten Version einen neuen Namen erhalten soll (beispielsweise zur Erstellung einer Sicherungskopie der Datei BUCH-.ASM), wird die folgende Anweisung eingegeben:

```
COPY BUCH.ASM BUCH.BAK
```

Es sollen alle Dateien im aktuellen Verzeichnis von Laufwerk A, deren Namen mit VIER beginnen, unter Verän-

derung der Dateinamen in das aktuelle Verzeichnis des
aktuellen Laufwerks (beispielsweise Laufwerk B) kopiert
werden. Dazu wird der folgende Befehl verwendet:

COPY A:VIER*.* FUENF*.*

Die Verknüpfung von Textdateien (beispielsweise von
zwei Adressenlisten für ein Serienbriefprogramm) kann
mit folgender Anweisung realisiert werden:

```
COPY NAMLIST.1 /A + NAMLIST.2 NAMLIST.GES
```

Auch die Verknüpfung binärer Dateien ist möglich. Eine
Datei mit binären Daten soll mit anderen Dateien desselben Formates verknüpft werden. Anweisung:

```
COPY MESSUNG.1 /B + MESSUNG.2 + MESSUNG.3 MESSUNG.GES /B
```

DATE

Syntax

date [tt-mm-jj]

(Protected Mode, DOS-Kompatibilitätsmodus)

Die Anweisung bewirkt die Bildschirmanzeige des Datums
oder die Änderung des Systemdatums. Nach der Eingabe
des Befehls wird das aktuelle Datum der Systemuhr angezeigt und gleichzeitig gefragt, ob dieses verändert werden
soll.

Parameter

tt ist eine Zahl zwischen 1 und 31 und beschreibt den Tag
des Monats.

mm ist eine Zahl zwischen 1 und 12 und ist die Nummer
des Monats.

jj ist eine Zahl zwischen 80 und 79, beziehungsweise
zwischen 1980 und 2079 und stellt die Jahreszahl dar.

Die Reihenfolge der Parameter kann unterschiedlich sein.
Das Standardformat entspricht der US-amerikanischen
Schreibweise des Datums in der Form *mm-tt-jj*. Durch
die Angabe eines Ländercodes in der Datei CONFIG.SYS
kann jedoch auch die deutsche Notation aktiviert werden.
Die OS/2-Eingabeaufforderung weist jedoch immer auf
das momentan eingestellte Format hin. Die Angabe eines
ungültigen Datums, wie zum Beispiel 31.02.89 führt zur
Modifikation der Datumsangabe durch OS/2.

Verfügt der Computer über eine eingebaute Uhr, so bleibt
das eingestellte Datum auch nach dem Abschalten erhalten. Ansonsten empfiehlt sich die Aufnahme des Befehls
in die Konfigurationsdatei, da einige Befehle bei Dateioperationen auch Datumsangaben berücksichtigen, etwa
bestimmte Optionen des Befehls BACKUP.

Beispiele

Die Überprüfung des eingestellten Datums ist durch die
folgende Anweisung möglich:

```
DATE
```

Eine Korrektur des Datums wird mit der Eingabe des
neuen Datums hinter der Aufforderung ausgeführt. In
diesem Beispiel wird vom amerikanischen Datumsformat
ausgegangen:

```
DATE 12-5-88 <RETURN>
```

DEL

Syntax

del [[laufwerk:] [pfad_name] [datei]] [...]

(Protected Mode, DOS-Kompatibilitätsmodus)

Mit dieser Anweisung kann eine Datei oder eine Anzahl von Dateien (Dateigruppe) gelöscht werden. Dabei wird der Eintrag in der Dateibelegungstabelle auf Diskette oder Platte gelöscht und der ehemals von der Datei belegte Speicherplatz als frei verfügbar gemeldet. Von Zeit zu Zeit können mit diesem Befehl überflüssige Dateien auf einer Festplatte gelöscht werden. Die Zugriffsgeschwindigkeit wird dadurch erhöht. Vor dem Löschen wichtiger Dateien sollten Sicherungskopien auf Disketten erstellt werden.

Beim Weglassen des Dateinamens und der Dateinamenserweiterung (hier verwenden Sie dann Dateigruppenzeichen) werden alle Dateien im gültigen Verzeichnis gelöscht. Im DOS-Kompatibilitätsmodus kann jeweils nur ein Dateiname zum Löschen angegeben werden, der allerdings Dateigruppenzeichen enthalten kann, so daß mit einem Vorgang mehrere Dateien gelöscht werden.

Da eine gelöschte Datei unter Umständen endgültig verloren ist, sollte der Befehl mit Bedacht eingesetzt werden. Das gilt vor allem bei der Verwendung von Dateigruppenzeichen.

Beispiele

Das Löschen der Datei SCHNEE_V.GES im gültigen Verzeichnis erfolgt mit dem Befehl:

```
DEL SCHNEE_V.GES
```

Alle Dateien in einem vorgegebenen Verzeichnis werden wie folgt gelöscht:

```
DEL \TEMP
```

Auch eine Auswahl bestimmter Dateien ist beim Löschen möglich. Im folgenden werden alle Dateien im Verzeichnis \BIN\WS mit den Namenserweiterungen .TMP und .BAK gelöscht:

```
DEL \BIN\WS\*.TMP *.BAK
```

Im DOS-Kompatibilitätsmodus gestaltet sich der Löschvorgang wie folgt (von MS-DOS bekannt):

```
DEL *.BAK
```

```
DEL *.TMP
```

DETACH

Syntax

detach programm_name [argumente]

(Protected Mode)

Mit diesem Befehl kann ein Programm im Hintergrund betrieben werden. Für ein Programm, das im Hintergrund abläuft, können keine Tastatureingaben vorgenommen werden.

programm_name nennt den Namen des Programmes, das im Hintergrund abgearbeitet werden soll. Dieser Angabe kann ein Laufwerks- und Pfadname vorangestellt werden.

argumente sind Argumente, die dem Programm beim Start übergeben werden.

Es empfiehlt sich, ein Programm mit diesem Befehl im
Hintergrund zu starten, wenn für diesen Hintergrundprozeß keine neue Bildschirmgruppe gestartet werden soll.
Damit wird gleichzeitig Arbeitsspeicher eingespart. Ein
abgetrenntes Programm (*detached*) muß sich selbst beenden, da es keine Tastatureingaben übernehmen kann.

Beispiel

Das Programm CHIPTEST im Verzeichnis \BIN\GRAF
erstellt aus Meßwerten eine Datei zur Ausgabe auf einem
Plotter und bricht nach dem Ende des Dateieingabestroms
und nach erfolgter Ausgabe der Ergebnisse die Ausführung selbständig ab. Es soll über ein Argument ein bestimmter Einheitentreiber angesprochen werden:

```
DETACH \BIN\GRAF\CHIPTEST /PENPLOT
```

DIR

Syntax

dir [[laufwerk:] [pfad] [datei]] [...] [/P] [/W]

(Protected Mode, DOS-Kompatibilitätsmodus)

Mit diesem Befehl wird das Inhaltsverzeichnis des aktuellen oder angegebenen Verzeichnisses an eine Geräteeinheit
ausgegeben. Normalerweise ist dies der Bildschirm. Ohne
die Angabe von Auswahlkriterien oder Dateinamen werden alle Dateien des Verzeichnisses auf der gewählten
Standardausgabeeinheit ausgegeben (nur in Ausnahmefällen ist dies nicht der Bildschirm). Die Namen von Unterverzeichnissen des angesprochenen Verzeichnisses werden
ebenfalls angezeigt und mit <DIR> gekennzeichnet.

Vor dem Inhaltsverzeichnis wird der Datenträgerkennsatz
des angesprochenen Speichermediums ausgegeben. Hinter
den Dateinamen erscheinen Uhrzeit und Datum, zu denen
die Datei zuletzt modifiziert wurde.

Optionen

/P. Durch */P* wird der Bildlauf der Ausgabe unterbrochen, wenn eine Bildschirmseite gefüllt ist. So lassen sich
auch umfangreiche Inhaltsverzeichnisse in Ruhe durchsehen.

/W. Es werden nur die Dateinamen angezeigt. Durch den
Wegfall von Datum und Uhrzeit steht genügend Platz zur
Anzeige der Dateinamen in fünf Spalten zur Verfügung.

Beispiel

Der Inhalt des Verzeichnisses \WP\TEXTE soll angezeigt
werden. Da das Verzeichnis sehr viele Dateien enthält, soll
die Anzeige seitenorientiert erfolgen:

```
DIR \WP\TEXTE /P
```

DISKCOMP

Syntax

diskcomp [erstes laufwerk] [zweites laufwerk]

(Protected Mode, DOS-Kompatibilitätsmodus)

Diese Anweisung wird für einen Vergleich einer Diskette
mit einer weiteren eingesetzt. Nach dem Duplizieren mehrerer Disketten empfiehlt es sich, zu überprüfen, ob die
Kopien mit der Vorlage exakt übereinstimmen.

Der Befehl eignet sich nicht dazu, die Kopie einer Gruppe von Dateien zu verifizieren. Vielmehr wird der Befehl am besten zur Überprüfung eingesetzt, ob eine Diskette Byte für Byte eine genaue Kopie des Originals darstellt. Dabei kann nicht überprüft werden, ob die Originaldiskette Fehler aufweist.

Falls nur ein Diskettenlaufwerk zur Verfügung steht, können die beiden Disketten auch mit dem einen Laufwerk miteinander verglichen werden. OS/2 fordert an entsprechender Stelle zu einem Diskettenwechsel auf.

Beim Auffinden von Unterschieden (voneinander abweichender Bytewerte), zeigt OS/2 die Spur und die Seite an, bei der Unterschiede lokalisiert wurden.

Die Anweisung vergleicht nur Disketten desselben Typs miteinander. Es ist also zum Beispiel nicht möglich, 1,2-Mbyte-Disketten mit einer 360-Kbyte-Diskette, und eine 3 1/2-Zoll- mit einer 5 1/4-Zoll-Diskette zu vergleichen.

Beispiele

Nach dem Duplizieren einer Diskette mit dem Befehl DISKCOPY wurde diese versehentlich auf dem Monitor abgelegt. Das Magnetfeld könnte die Diskette teilweise gelöscht haben, so daß ein Vergleich mit dem Original erfolgen soll.

Der Vergleich der Disketten in einem Laufwerk wird mit folgender Eingabe gestartet:

```
DISKCOMP A:
```

Die Diskette muß gewechselt werden, wenn OS/2 eine entsprechende Aufforderung anzeigt.

Zum Vergleich zweier Disketten in zwei verschiedenen Laufwerken dient dieser Befehl:

```
DISKCOMP A: B:
```

DISKCOPY

Syntax

diskcopy [quell_laufwerk] [ziel_laufwerk]

(Protected Mode, DOS-Kompatibilitätsmodus)

Diese Anweisung erstellt eine exakte Kopie einer vollständigen Diskette auf einer Diskette desselben Formats und mit derselben Speicherkapazität. Im Unterschied zu den Anweisungen COPY und XCOPY wird die Diskette byteorientiert (Byte für Byte) und nicht dateiorientiert (Datei für Datei) übertragen. Auswahlkriterien für ein selektives Kopieren bestimmter Disketteninhalte stehen hier nicht zur Verfügung.

Der Befehl DISKCOPY kann nur für die Erstellung eines genauen Abbildes der zu kopierenden Diskette herangezogen werden, wobei die Dateien auf der Zieldiskette in der gleichen Reihenfolge abgelegt werden. Sie sind auch so fragmentiert (das heißt, verteilen sich über Sektoren, die nicht aufeinanderfolgen) wie auf der Quelldiskette. Der Name des Datenträgers wird ebenfalls kopiert und überschreibt einen bereits vorhandenen Namen der Zieldiskette.

DISKCOPY arbeitet sehr viel schneller als der Befehl COPY, falls eine Diskette eine große Anzahl von Dateien enthält. Weil DISKCOPY dabei jedoch sämtliche Daten überschreibt, die sich auf der Zieldiskette befinden, sollte die Quelldiskette vor dem Beginn des Kopiervorganges mit einem Schreibschutz versehen werden (damit nicht versehentlich in die falsche Richtung kopiert werden kann). Falls eine unformatierte Zieldiskette in das Laufwerk eingelegt wurde, wird diese während des Kopiervorganges automatisch formatiert.

Steht nur ein Diskettenlaufwerk zur Verfügung, weist OS/2 den Benutzer zum Diskettenwechsel an entsprechender Stelle an. Der Zieldiskette wird automatisch eine vier Byte lange Seriennummer zugewiesen, die sich von der der Quelldatei unterscheidet!

Falls eine Diskette stark fragmentierte Dateien enthält, so empfiehlt sich die Verwendung des Befehles XCOPY, da dieser Befehl im Unterschied zu DISKCOPY die Dateien auf dem Ziellaufwerk in zusammenhängender Form ablegt. Zusammenhängende Dateien können im folgenden schneller gelesen und bearbeitet werden.

Hinweis: Die Befehle SUBST, ASSIGN und JOIN sollten vor dem Einsatz des Befehls DISKCOPY unbedingt desaktiviert werden.

Weitere Informationen zum Kopieren großer Datenmengen finden Sie bei der Erklärung der Option /S des Befehls XCOPY.

Beispiele

Das Kopieren einer Diskette, die viele Dateien in verschiedenen Verzeichnissen enthält, geschieht am einfachsten mit dem Befehl DISKCOPY.

Beim Kopieren auf Systemen mit nur einem Diskettenlaufwerk wird der folgende Befehl verwendet:

DISKCOPY A: A:

Hierbei müssen die Disketten entsprechend den Anweisungen von OS/2 gewechselt werden.

Das Kopieren auf Systemen mit zwei Diskettenlaufwerken erfolgt mit dem Befehl:

DISKCOPY A: B:

DPATH

Syntax

dpath [[laufwerk:]pfad] [;[laufwerk]pfad] [...]

(Protected Mode)

Wenn Programme auf Datendateien zugreifen, durchsuchen sie zunächst das Standardlaufwerk und den Standardpfad sowie etwaige mit dem Befehl PATH angegebene Pfadnamen. Die Anweisung DPATH legt eine Liste von Verzeichnissen fest, die von OS/2 nach Datendateien durchsucht werden, sollte eine Datei im Standardverzeichnis nicht gefunden werden. Um zu verhindern, daß OS/2 einen angegebenen Pfadnamen nach Dateien durchsucht, kann der Befehl desaktiviert werden.

Durch die Eingabe von DPATH ohne Parameter wird die Ausführung des Befehls abgebrochen.

Hinweis: Einige Anwendungsprogramme, so zum Beispiel Compiler oder Textverarbeitungsprogramme erlauben mit dem Befehl SET die Angabe von Verzeichnissen, in denen Bibliotheken oder Include-Dateien abgelegt sind. OS/2 sucht nach Programmdateien mit den Namenserweiterungen .CMD, .COM und .EXE. Auch nach der Angabe eines Pfadnamens mit DPATH (für Datendateien) wird in den Verzeichnissen entsprechend dem Befehl PATH gesucht.

Stapelverarbeitungsdateien können auf die Werte der Anweisung DPATH mit folgender Syntax zugreifen:

%DPATH%

Vergleichen Sie auch die Befehle APPEND und PATH.

Beispiele

Sie wissen nicht genau, in welchen Verzeichnissen Datendateien abgelegt wurden und die wiederholte Eingabe umfangreicher Pfadnamen soll vermieden werden. Aus der Textverarbeitung heraus soll in folgenden Verzeichnissen nach Texten (Datendateien) gesucht werden: C:\JOB\PROJ\BRIEF, C:\BUCH4\TXT und A:\VERSCH\PRIV.

Mit folgender Syntax wird dem System die Liste der Verzeichnisse zur Verwendung übergeben:

```
DPATH C:\JOB\PROJ\BRIEF; C:\BUCH4\TXT; A:\VERSCH\PRIV
```

Die angegebenen Verzeichnisse werden nun immer nach dieser Eingabe in der vorgegebenen Reihenfolge durchsucht.

Es soll überprüft werden, in welchen Verzeichnissen nach Datendateien gesucht wird:

```
DPATH
```

Sämtliche Pfadnamen zur Suche nach Datendateien soll desaktiviert werden:

```
DPATH ;
```

ERASE

Syntax

erase [[laufwerk:] [pfad] [datei]] [...]

(Protected Mode, DOS-Kompatibilitätsmodus)

Diese Anweisung entspricht in ihrer Wirkung exakt der Anweisung DEL. Es gibt keine Unterschiede.

Beispiele

Es sollen im gültigen Verzeichnis sämtliche Dateien mit der Namenserweiterung .BAK und .SIK gelöscht werden. Hierzu wird der Löschbefehl wie folgt eingegeben:

```
ERASE *.BAK *.SIK
```

EXIT

Syntax

exit

(Protected Mode, DOS-Kompatibilitätsmodus)

Mit dieser Anweisung kann man eine Bildschirmgruppe verlassen. Der SESSION MANAGER erlaubt den Parallelbetrieb verschiedener Programme in verschiedenen Bildschirmgruppen. Wenn eine Bildschirmgruppe verlassen werden soll, müssen darin zuerst sämtliche Applikationen beendet werden, indem die entsprechende QUITT- oder Abbruchsfunktion gewählt oder die Tastenkombination Ctrl-C betätigt wird.

Eine vollkommen leere Bildschirmgruppe kann dann mit dem Befehl EXIT geschlossen werden. Nach dem Verlassen einer leeren Bildschirmgruppe erfolgt eine automatische Rückkehr zum SESSION MANAGER.

Eine zweite hiervon abweichende Verwendung des Befehles EXIT ergibt sich aus der Möglichkeit, einen zweiten Befehlsinterpreter zu starten. Durch die Eingabe von COMMAND oder CMD kann ein zweiter Command-Prozessor gestartet werden, um über eine weitere OS/2-Shell (zum Beispiel unter einem laufenden Anwendungsprogramm) verfügen zu können.

Der Befehlsinterpreter erlaubt den Zugriff auf sämtliche
internen OS/2-Befehle, er ist jedoch nicht zum Betrieb
des Systems erforderlich. Nach der Beendigung der Arbeit
mit OS/2-Befehlen kann er mit dem Befehl EXIT verlassen werden, wobei die Programmausführung an der Stelle
fortgesetzt wird, an der der zweite Befehlsinterpreter aufgerufen wurde.

Hinweise zum Start eines zweiten Befehlsinterpreters finden Sie in den Einträgen für die Anweisungen COM-
MAND und CMD.

Beispiele

Eine Textverarbeitung wird nicht mehr benötigt. Nachdem alle Texte abgespeichert wurden und die Textverarbeitung beendet wurde, kann die nun leere Bildschirmgruppe durch folgende Eingabe geschlossen werden:

EXIT

Während der Arbeit mit einer Tabellenkalkulation möchte
man von der Systemuhr die Uhrzeit erfragen. Dazu wird
das Programm vorübergehend unterbrochen und die OS/2-
Shell aufgerufen. Nach der Eingabe von TIME soll in die
Tabellenkalkulation an die Stelle zurückgekehrt werden,
an der unterbrochen wurde. Geben Sie hierzu ein:

EXIT

FDISK

Syntax

fdisk

(Protected Mode, DOS-Kompatibilitätsmodus)

Mit dieser Anweisung kann man die aktive Partition auf
der Festplatte bestimmen oder verändern. Eine Neustruk-
turierung der Festplatte ist ebenfalls möglich. Die Anweisung sollte nur von erfahrenen Benutzern eingesetzt werden, da bei Manipulationen der Festplatte große Datenmengen versehentlich zerstört werden können.

Die Hauptanwendung von FDISK besteht im Umschalten
zwischen den Partitionen der Festplatte, die verschiedenen
Betriebssystemen zugewiesen sind. So kann zum Beispiel
eine OS/2-, DOS- oder XENIX-Partition auf sehr großen
Festplatten vorhanden sein, die sich mit diesem Befehl
anwählen lassen.

Festplatten mit großer Speicherkapazität können mit dem
Befehl in kleinere, übersichtlichere, logische Festplatten
aufgeteilt werden. Die Benutzerführung des Befehls ist
menügesteuert und selbsterklärend.

Vor dem Einsatz des Befehles müssen alle Bildschirmgruppen geschlossen werden.

Beispiel

Starten Sie FDISK durch die folgende Eingabe:

FDISK

Mit entsprechenden Antworten wird mit Hilfe eines me-
nügesteuerten Frage-Antwort-Dialogs die Festplattenorganisation neu eingeteilt.

FIND

Syntax

find [/V][(/C)(/N)]"suchtext" [[laufwerk:] [pfad][datei]] [...]

(Protected Mode, DOS-Kompatibilitätsmodus)

Diese Anweisung durchsucht eine Datei oder eine Gruppe von Dateien nach dem im Argument *suchtext* angegebenen Text. Falls gewünscht, wird die Textstelle ausgegeben, an der der angegebene Text gefunden wurde. Wahlweise können dies die Zeilennummern sein oder die Anzahl der Zeilen, in denen der Suchtext erscheint. Alternativ können auch die Zeilen angezeigt werden, in denen der Suchtext nicht gefunden wurde.

Ein Einsatz dieser Anweisung ist nur dann sinnvoll, wenn man herausfinden möchte, welche Dateien einen bestimmten Text enthalten. Beispielsweise könnte man herausfinden lassen, in welchen Textdateien das Wort *Wiesbaden* vorkommt, oder welche Programmdateien eine bestimmte Prozedur enthalten.

Der Suchtext muß von Anführungszeichen umschlossen werden. Zur Darstellung eines Anführungszeichens im Suchtext muß dieses wiederum von Anführungszeichen umschlossen werden.

Die Angabe von Dateigruppenzeichen im Dateinamen ist nicht zulässig.

Optionen

/V. Die Angabe der Option */V* veranlaßt OS/2 zur Anzeige der Textzeilen, die den Suchtext nicht enthalten

/C. Mit */C* wird OS/2 angewiesen, die Anzahl von Zeilen anzugeben, die den Suchtext enthalten, ohne daß diese Zeilen angezeigt werden. Zusammen mit der Option */V* verwendet, wird die Anzahl der Zeilen genannt, die den Suchtext nicht enthalten.

/N. Die Option */N* veranlaßt OS/2 zur Anzeige einer Zeilennumerierung vor jeder Zeile mit gefundenem Suchtext.

Beispiele

Es sollen die Dateien WERB1.TXT und PROSP.DOC nach dem Ausdruck *"Nur in Wiesbaden!"* (mit Anführungszeichen) durchsucht und die entsprechenden Zeilen angezeigt werden:

```
FIND """Nur in Wiesbaden!""" WERB1.TXT PROSP.DOC
```

Sie wollen herausfinden, wie oft der Ausdruck *gemeinsames Vergnügen* in einem Brief vorkommt:

```
FIND /C "gemeinsames Vergnügen" EINLAD.TXT
```

Es versteht sich von selbst, daß Rechtschreibfehler im Suchtext nicht zum gewünschen Ergebnis führen.

FORMAT

Syntax

format [laufwerk:] [/4] [/T:spuren_je_disk]
[/N:sektoren_je_spur] [/S] [/V [:label]]

(Protected Mode, DOS-Kompatibilitätsmodus)

Mit diesem Befehl wird eine neue Diskette oder Festplatte zur Verwendung vorbereitet. Ähnlich einem Buch muß auch eine Diskette oder Festplatte eine Organisation zur

Datenspeicherung aufweisen. Bei einem Buch ist dies zum Beispiel durch die Sortierung der Seiten in einer festen Reihenfolge und die Aufteilung in Kapitel gegeben. Auch OS/2 muß eine Festplatte oder Diskette erst zur Benutzung vorbereiten. Hierzu wird der Befehl FORMAT eingesetzt.

Bei der Verwendung dieses Befehls ist Vorsicht angebracht, da alle Daten auf dem Datenträger beim Formatieren gelöscht werden. In der Regel wird sich die Anwendung auf Disketten beschränken, die zuvor noch nicht benutzt wurden, in Ausnahmefällen jedoch auch zur Neuformatierung einer Diskette, die unwichtige Daten enthält.

Der Befehl kann gleichermaßen auf Disketten unterschiedlicher Formate wie auch auf Festplatten angewendet werden. Festplatten sollten aus gutem Grund nur von erfahrenen Anwendern formatiert werden (Datenverlust!).

FORMAT gibt nach abgeschlossenem Formatieren an, wieviel Speicherplatz auf dem Datenträger zur Verfügung steht. Sind Teile des Datenträgers unbrauchbar, wird die Anzahl fehlerhafter Bytes ebenfalls genannt.

Optionen

/S. Die neue Diskette wird durch die Angabe der Option */S* als Systemdiskette formatiert. Das bedeutet, daß Teile von OS/2 selbst darauf übertragen werden und daß ein Computer mit dieser Diskette gestartet werden kann. Das ist nur für Computer ohne Festplatte (etwa in Netzwerken) von Bedeutung. Durch den Platz, den OS/2 selbst auf dieser Diskette benötigt, ist der verbleibende Speicherplatz weniger umfangreich. Die Option kann nur bei Disketten mit mindestens 1,2 Mbyte Kapazität eingesetzt werden.

/V. Mit der Option */V* bekommt die Diskette einen Namen, der aus maximal elf Zeichen bestehen darf. Wird der Datenträgerkenname in der Befehlszeile nicht angegeben, erfolgt eine Eingabeaufforderung nach dem Abschluß des Formatiervorgangs. Der Diskettenname wird immer angegeben, wenn ein Verzeichnis der Diskette mit dem Befehl DIR angezeigt wird. Zur Unterscheidung von Disketten ist die Zuweisung von Datenträgerkennzeichnungen sinnvoll.

Normalerweise wird eine Diskette entsprechend dem angesprochenen Laufwerkstyp formatiert. Die Standardwerte können mit folgenden Optionen modifiziert werden:

/4. Mit */4* wird nach der Angabe der Option */S* eine 360-Kbyte-Diskette in einem 1,2-Mbyte-Laufwerk formatiert.

/T. Eine 3 1/2-Zoll-Diskette wird mit der angegebenen Anzahl von Spuren pro Seite formatiert. Mit der Angabe des Parameters 80 werden 720-Kbyte- bzw. 1,44-Mbyte-Disketten formatiert. Dies ist ein optionaler Parameter.

/N. Eine 3 1/2-Zoll-Diskette wird mit der angebenen Anzahl von Sektoren pro Spur formatiert. Mit der Angabe eines Parameters kleiner gleich 9 werden in einem 3 1/2-Zoll-Laufwerk Disketten niedriger Dichte formatiert. Hochkapazitive 3 1/2-Zoll-Disketten verfügen über 18 Sektoren je Spur.

Hinweis: Das Formatieren und Beschreiben einer Diskette niedriger Dichte in einem Hochkapazitätslaufwerk ist problemlos möglich, jedoch kann ein Leseversuch in einem Laufwerk für Disketten niedriger Dichte aus technischen Gründen zu Lesefehlern führen.

Diskettennamen können auch mit den Befehlen LABEL und VOL vergeben werden.

Beispiele

Mehrere neue Disketten sollen im Laufwerk A mit Standardschreibdichte formatiert werden:

FORMAT A:

Ein Diskette soll den Diskettennamen *startdisk1* erhalten und als Startdiskette dienen:

FORMAT A: /S /V:startdisk1

GRAFTABL

Syntax

graftabl [(code_seite)(?)(/STA)]

(DOS-Kompatibilitätsmodus)

Im DOS-Kompatibilitätsmodus kann ein Satz spezieller Grafikzeichen geladen werden. Dieser umfaßt die ASCII-Zeichen 128 bis 255. Die Grafikzeichen lassen sich auf dem Bildschirm nur im Grafikmodus darstellen und dienen der Erstellung von Rahmen und der Arbeit in nichtangloamerikanischen Sprachen. Für deutsche Anwender ist besonders interessant, daß die deutschen Umlaute *ä, ö* und *ü* sowie *ß* im erweiterten ASCII-Zeichensatz zu finden sind. Auch einige wissenschaftliche Sonderzeichen finden sich hier.

Diese Anweisung ist hauptsächlich für die Arbeit mit Compilern und Grafikprogrammen gedacht, da gängige Textverarbeitungssysteme bereits über einen vollständigen Zeichensatz der jeweiligen Sprache verfügen.

Die Verwendung von *code_seite* erfordert die Angabe einer Seitenzahl. Die Angabe der Option *?* zeigt die zur Verfügung stehenden Codeseiten an.

Die Version 1.0 von OS/2 stellt folgende Codeseiten zur Verfügung:

437	IBM US
860	Portugiesisch
863	Kanadisch-Französisch
865	Nordische Sprachen

Ein Zeichensatz muß nur einmal geladen werden, er bleibt speicherresident aktiv. Dies kann bei häufiger Verwendung auch mit einem Befehlsaufruf in der AUTO-EXEC.BAT-Datei geschehen.

Option

Die Option */STA* zeigt die Nummer der derzeit aktiven Codeseite an. Wird keine Option angegeben, wird die Standardcodeseite mit der Nummer 437 geladen.

Weitere Informationen zu Codeseiten finden Sie unter dem Eintrag CHCP.

Hinweis: Das Laden der Grafikzeichen in den Hauptspeicher des Computers erlaubt zwar die Darstellung auf einem Grafikmonitor, es können jedoch Probleme beim Ausdruck dieser Zeichen auftreten. Der angesteuerte Drucker muß gleichermaßen den erweiterten ASCII-Zeichensatz in seinen Hauptspeicher laden können (oder diesen bereits in eingebauter Form besitzen).

Beispiel

In einem Grafikprogramm sollen französische Beschriftungen verwendet werden:

GRAFTABL 863

HELP

Syntax

help [(ON)(OFF)(index_nummer)]

(IBM-OS/2, Protected Mode, DOS-Kompatibilitätsmodus)

Diese Anweisung steht nur unter IBM-OS/2 zur Verfügung! Falls Sie über ein anderes OS/2 verfügen, muß die Anweisung HELPMSG verwendet werden.

Sie erläutert OS/2-Fehlermeldungen mit entsprechenden Hinweisen. Gleichzeitig wird am oberen Bildschirmrand eine Statusmeldung an- oder ausgeschaltet, die Auskunft darüber gibt, ob sich das System gerade im DOS-Kompatibilitäts- oder im Protectet Modus befindet.

Die Eingabe von HELP ohne weitere Parameter führt zur Anzeige von Informationen darüber, wie man zum SESSION MANAGER zurückkehren, zwischen Bildschirmgruppen umschalten und bei der Ausgabe von Fehlermeldungen Hilfestellung erhalten kann.

Die Anweisungen HELP ON bzw. HELP OFF zeigen bzw. entfernen die obere Statuszeile auf dem Bildschirm, die Auskunft darüber gibt, ob die gerade aktive Bildschirmgruppe die DOS-Kompatibilitätsbox ist.

OS/2 stellt den Fehlermeldungen jeweils einen sieben Buchstaben langen Code voran. Dieser Code beginnt mit den Buchstaben DOS, gefolgt von einer vierstelligen Zahl und einer kurzen Information über den Fehler. Falls zusätzliche Informationen gewünscht werden, kann durch die Eingabe von HELP, gefolgt von dieser vierstelligen Zahl die Ausgabe weiterer Informationen veranlaßt werden.

Falls die ursprüngliche Fehlermeldung einen Datei- oder Laufwerksnamen enthalten hat, erscheinen in der Mitteilung, die mit HELP angefordert wurde, die Zeichen *** anstelle des Namens.

Beispiele

HELP

Auf dem Bildschirm werden Informationen zur Rückkehr in den SESSION MANAGER und zum Umschalten zwischen Bildschirmgruppen ausgegeben:

HELP ON

Es wird am oberen Bildschirmrand die Anzeige der Statuszeile aktiviert, die anzeigt, ob sich das System in der DOS-Kompatibilitätsbildschirmgruppe oder in einer anderen OS/2-Bildschirmgruppe befindet:

HELP OFF

Die Statuszeile wird wieder ausgeschaltet.

Die Ausführung einer Anweisung führte zur Angabe der Fehlermeldung DOS0100. Informationen zu dieser Fehlermeldung können mit der folgenden Anweisung angefordert werden:

HELP 100

HELPMSG

Syntax

helpmsg index_nummer

(Protected Mode, DOS-Kompatibilitätsmodus)

Mit dieser Anweisung wird die Bedeutung von OS/2-Fehlermeldungen erläutert. OS/2 stellt den Fehlermeldungen jeweils einen sieben Buchstaben langen Code voran. Dieser Code beginnt mit der Zeichenfolge DOS, gefolgt von einer vierstelligen Zahl und einer Kurzinformation zum Fehler. Falls zusätzliche Informationen zu Fehlermeldungen gewünscht werden, kann durch die Eingabe von HELPMSG, gefolgt von der angezeigten vierstelligen Zahl, die Ausgabe weiterer Informationen und Hinweise auf mögliche Ursachen veranlaßt werden. *index_nummer* muß hierbei der vierstelligen Fehlernummer entsprechen.

Fall die ursprüngliche Fehlermeldung einen Datei- oder Laufwerksnamen enthalten hat, erscheinen in der mit HELPMSG angeforderten Mitteilung die Zeichen *** anstelle des Namens.

Beispiel

Die Ausführung einer Anweisung führte zur Angabe der Fehlermeldung DOS0100. Informationen zu dieser Fehlermeldung können mit der folgenden Anweisung angefordert werden.

HELPMSG 0100

JOIN

Syntax

join [neues_laufwerk: laufwerk:ersetztes_verzeichnis]
join zu_desaktivierendes_laufwerk: /D

(DOS-Kompatibilitätsmodus)

Diese Anweisung ersetzt den Zugriff auf ein direktes Unterverzeichnis des Stammverzeichnisses durch den Zugriff auf ein Laufwerk. Die Anweisung JOIN ist für den Einsatz mit Programmen gedacht, die nicht für die Verwendung mit einer Festplatte eingerichtet wurden. Der Zugriff eines Programms auf das Verzeichnis A:\TEMP kann bei größerem Speicherbedarf auf eine Festplatte oder eine RAM-Disk (beispielsweise Laufwerk D) umgeleitet werden. Das bedeutet, daß OS/2 den Datenfluß zu den Massenspeichern steuern kann.

Das zu ersetzende Verzeichnis muß direkt unterhalb der obersten Verzeichnisebene liegen. Alle Zugriffe auf dieses Verzeichnis werden auf das angegebene Laufwerk umgeleitet.

<u>Hinweis:</u> Die Eingabe von JOIN ohne Parameter gibt eine Liste der bestehenden Verknüpfungen aus. Sämtliche JOIN-Verknüpfungen sollten vor dem Einsatz der folgenden Befehle aufgehoben werden: CHKDSK, DISKCOPY, FDISK, FORMAT, LABEL, RECOVER, SYS

Option

/D. Die Option */D* löst eine bestehende Verknüpfung. Dabei muß der Laufwerksname der aufzuhebenden Verknüpfung angegeben werden.

Beispiele

Eine Tabellenkalkulation legt automatisch Temporärdateien im Verzeichnis A:\TEMP ab. Das ist zeitaufwendig und im System steht gleichzeitig eine RAM-Disk E zur Verfügung. Diese kann mit JOIN wie folgt genutzt werden:

```
JOIN E: A:\TEMP
```

Nach der Benutzung der Tabellenkalkulation soll die Verknüpfung wieder aufgehoben werden. Dies gelingt mit dem folgenden Befehl:

```
JOIN E: /D
```

KEYBxx

Syntax

keybxx

(Protected Mode, DOS-Kompatibilitätsmodus)

Mit der Anweisung kann die Tastatur den Besonderheiten von Sprachunterschieden in verschiedenen Ländern angepaßt werden. Es können Tastaturtreiber geladen werden, die (ähnlich dem Wechsel eines Typenrades in einer Schreibmaschine) verschiedene länderspezifische Zeichen auf der Tastatur umbelegen. Im deutschen Sprachraum werden zum Beispiel die Umlaute *ä*, *ö*, *ü* und das *ß* aktiviert.

Für die gewünschte Anpassung muß *xx* durch einen Code aus der folgenden Tabelle ersetzt werden.

Code	Land
BE	Belgien
CF	Kanada (französisch)
DK	Dänemark
FR	Frankreich
GR	Deutschland
IT	Italien
LA	Lateinamerika
NL	Niederlande
NO	Norwegen
PO	Portugal
SF	Schweiz (französisch)
SG	Schweiz (deutsch)
SP	Spanien
SU	Finnland
SV	Schweden
UK	Großbritannien
US	USA

Hinweis: Dieser Befehl funktioniert nur, wenn in der Datei CONFIG.SYS die Tastaturbelegung mit DEVINFO definiert wurde. Weitere Hinweise finden Sie bei DEVINFO im Abschnitt über die Datei CONFIG.SYS.

Beispiel

Die spanische Tastaturbelegung soll aktiviert werden. Unter der Voraussetzung, daß in der Datei CONFIG.SYS die Anweisung DEVINFO enthalten ist, kann dies mit folgender Syntax geschehen:

```
KEYBSP
```

LABEL

Syntax

label [laufwerk:] [text_11max]

(Protected Mode, DOS-Kompatibilitätsmodus)

Die Anweisung versieht einen Datenträger mit einem Namen. Ein solcher Datenträgerkennsatz eignet sich zur Unterscheidung bei großen Diskettenbeständen. Der Name, der einer Diskette zugewiesen weden soll, darf maximal elf Buchstaben lang sein. Er wird unter anderem angezeigt, wenn mit DIR ein Diskettenverzeichnis dargestellt wird. Mit der Anweisung VOL kann der Datenträgerkennsatz ebenfalls überprüft werden.

Wenn der Befehl ohne *text_11max* ausgeführt wird, fordert OS/2 an entsprechender Stelle die Eingabe an. Folgende Zeichen dürfen im Datenträgerkennsatz nicht vorkommen:

```
* ? / \ | . , ; : + = < > [ ] ( ) & '
```

<u>Hinweis:</u> Die Verwendung systematischer und selbsterklärender Namen hat sich bewährt.

Disketten mit Geschäftsbriefen könnten etwa für eine Gruppenzuordnung mit folgenden Namen gekennzeichnet sein:

```
GBRIEF_1, GBRIEF_2 usw.
```

Beispiel

Die Diskette in Laufwerk A soll den Namen LIBRIEF_14 erhalten:

```
LABEL A: LIBRIEF_14
```

Weitere Hinweise zu Diskettennamen finden Sie unter VOL und FORMAT /V.

MKDIR oder MD

Syntax

md [[laufwerk:] [pfad] [neuer_verzeichnis_name]] [...]

(Protected Mode, DOS-Kompatibilitätsmodus)

Mit dieser Anweisung legen Sie ein neues Verzeichnis an. Als Vaterverzeichnis des neu anzulegenden Verzeichnisses kann das Stammverzeichnis (oberste Ebene) oder das aktive Verzeichnis dienen.

Der Name des neuen Verzeichnisses muß den Richtlinien für einen gültigen Dateinamen entsprechen. Er darf also derzeit aus maximal acht Buchstaben und einer Erweiterung von maximal drei Buchstaben hinter einem Punkt bestehen.

Es ist nicht möglich, ein Verzeichnis anzulegen, das denselben Namen tragen soll, wie eine bereits im Vaterverzeichnis existierende Datei (dies gilt auch für ein Verzeichnis gleichen Namens). Existiert im Stammverzeichnis eine Datei mit Namen TEMP, kann hier kein Unterverzeichnis TEMP angelegt werden.

Verzeichnisnamen können mehrfach (aber nicht im selben Verzeichnis) vergeben werden. So könnte jeweils in den Verzeichnissen \PASCAL und \FORTRAN ein Verzeichnisse \TOOLS vorhanden sein.

Weitere Anweisungen zur Manipulation von Verzeichnissen sind in den Einträgen der Befehle RMDIR und CHDIR zu finden.

Beispiele

Ein Unterverzeichnis soll im Stammverzeichnis angelegt werden:

```
MD \BRIEFE.TXT
```

Existiert bereits eine Textdatei dieses Namens, so führt die Anweisung zur Ausgabe einer Fehlermeldung.

Ein weiteres Verzeichnis soll nun im gerade angelegten Verzeichnis vom Stammverzeichnis aus erstellt werden:

```
MD \BRIEFE.TXT\PRIV
```

Vom aktiven Verzeichnis \TEXTBRI.TXT aus genügt zur Erstellung des neuen Unterverzeichnisses die folgende Eingabe:

```
MD PRIV
```

MODE

(Syntax)

mode COMnummer [:]baud [,parität [,datenbits [,stopbits]] [,P]]

mode COMnummer

(Protected Mode, DOS-Kompatibilitätsmodus)

Mit dieser Anweisung kann die parallele und die serielle Schnittstelle sowie der Anzeigemodus des Bildschirms eingestellt werden. So kann der Computer für spezielle Anforderungen konfiguriert werden.

Hinweis

Die Version des Befehls MODE unter OS/2 erlaubt nicht die Umleitung der Ausgabe (wie unter MS-DOS 3.2 und höher oder PC-DOS). Hierfür dienen die Optionen /D und /O des Befehls SPOOL.

Konfiguration eines Monitors mit MODE

mode anzeige_modus [,anzahl_bildschirmzeilen]

Mit dieser Anweisung kann zwischen einem Grafik- und einem Textbildschirm umgeschaltet werden, wenn der Computer über zwei Bildschirme verfügt.

Der Parameter *anzeige_modus* muß hierzu gegen einen Wert aus folgender Tabelle ersetzt werden:

Anzeige-modus	Einheit
40	40 Spalten (Grafikbildschirm)
CO40	40 Spalten (Grafikbildschirm mit Farbe)
BW40	40 Spalten (Grafikbildschirm, keine Farbe)
80	80 Spalten (Grafikbildschirm)
CO80	80 Spalten (Grafikbildschirm mit Farbe)
BW80	80 Spalten (Grafikbildschirm, keine Farbe)
MONO	Monochrommonitor

Die Modi mit 40 Spalten sind zur Ansteuerung älterer Monitore gedacht, die keinen 80-Spalten-Modus aufweisen. Die CGA-Karte verwendet ein 40-Spalten-Format. Häufige Parameter dürften CO80 zur Anwahl des Grafik- und MONO zur Anwahl eines Monochrommonitors sein.

Der Parameter *anzahl_bildschirmzeilen* erlaubt die volle Ausnutzung von EGA-Karten über den Standardwert von 25 hinaus. Gültige Werte sind hier 25, 43 und 50; der Standardwert ist 25.

Beispiele

Ein Computer verfügt über zwei Bildschirme. Zum Umschalten auf den Grafikbildschirm dient der folgende Befehl:

MODE CO80

Das Umschalten zum Textbildschirm erfordert diesen Befehl:

MODE MONO

Konfiguration einer parallelen Schnittstelle mit MODE

mode LPTnummer [zeichen_je_zeile] [, [zeilen_je_zoll] [,P]]

Mit dieser Syntaxform der Anweisung MODE kann man die parallele Schnittstelle konfigurieren. Diese ist üblicherweise für einen Drucker reserviert. Hierzu sind technische Kenntnisse bezüglich des Druckers notwendig. Normalerweise konfiguriert daher die Software, die auf den Drucker zugreift, diesen selbstständig.

Parameter

LPTnummer kann 1, 2 oder 3 sein, je nachdem welche serielle Schnittstelle angesprochen werden soll.

zeichen_je_zeile kann entweder 80 oder 132 betragen.

zeilen_je_zoll kann entweder auf 6 oder 8 eingestellt werden.

Die Standardwerte betragen 80 Zeichen je Zeile bei einem Zeilenabstand von 6 Zeilen je Zoll. Ein Parameter, der nicht verändert werden soll und dessen aktueller Wert unbekannt ist, bleibt durch die Eingabe eines Kommas an seiner Stelle unverändert.

Der Parameter *P* bewirkt, daß Daten kontinuierlich weitergesendet werden, nachdem ein Timeout-Fehler auftrat.

Es empfiehlt sich, den Drucker, falls erforderlich, entweder in der Datei AUTOEXEC.BAT oder STARTUP.CMD zu konfigurieren.

Konfigurieren einer seriellen Schnittstelle

Die Syntax für die Konfiguration einer seriellen Schnittstelle unterscheidet sich, wenn von der OS/2-Eingabeaufforderung aus oder von der DOS-Eingabeaufforderung aus gearbeitet wird.

Konfigurieren von einem OS/2-Prompt aus:

mode COMnummer:baud: [,parität [,datenbits [,stopbits]]] [,TO = (ON)(OFF)] [;XON = (ON)(OFF)] [,IDSR = (ON)(OFF)] [,ODSR = (ON)(OFF)] [,OCTS = (ON)(OFF)] [,DTR = (ON)(OFF) (HS)(TOG)] [,RTS = (ON)(OFF)(HS)]

Parameter

COMnummer kann eine Zahl zwischen 1 und 8 sein. Hiermit wird eine serielle Schnittstelle adressiert.

baud (Abkürzung für *Bit pro Sekunde*) soll aus den ersten beiden Ziffern folgender Standardübertragungsraten bestehen:

110, 150, 300, 600, 1200, 2400, 4800, 9600, 19200.

parität kann einer der folgenden Buchstaben sein: *N* (keine Parität), *O* (ungerade), *E* (gerade), *M* (Markierung) und *S* (Freiraum).

datenbits kann eine der folgenden Zahlen sein: 5, 6, 7 oder 8.

stopbits kann eine der folgenden Zahlen sein: 1, 1.5 oder 2.

Die Eingabe eines Kommas anstelle der Zahlenwerte führt zur Konfiguration mit dem entsprechenden Standardwert.

Die Standardwerte sind:

    parität = E

    datenbits = 7

    stopbits = 1 (110 Baud: 2 Stopbits)

Weitere Steuerzeichen, Standardwerte in Klammern:

TO   Timeout-Verarbeitung auf unbestimmte Zeit fortsetzen (OFF)

XON   automatische Übertragung aktivieren (OFF)

IDSR   Handshake-Signal für *Data Set Ready*-Eingabe (ON)

ODSR   Handshake-Signal für *Data Set Ready*-Ausgabe (ON)

OCTS   Handshake-Signal für Clear to Send-Ausgabe (ON)

DTR   *Data Terminal Ready*, Option HS: Bereit zur Handshake-Ausgabe (ON)

RTS   *Ready To Send*, Option HS: Bereit zur Handshake-Ausgabe (ON), Option TOG: Umschaltbereit (ON)

Die Konfiguration einer seriellen Schnittstelle kann im OS/2-Modus mit folgender Anweisung dargestellt werden:

MODE COMnummer

Serielle Schnittstellenkonfiguration (DOS-Modus)

Bei der Arbeit von der DOS-Box aus muß folgende Syntax verwendet werden:

MODE COMnummer [:] baud [,parität [,datenbits [, stopbits] [,P]]]

Parameter

COMnummer kann eine Zahl zwischen 1 und 8 sein. Hiermit wird eine serielle Schnittstelle adressiert.

baud (Abkürzung für *Bit pro Sekunde*) soll aus den ersten beiden Ziffern folgender Standardübertragungsraten bestehen:

110, 150, 300, 600, 1200, 2400, 4800, 9600, 19200.

parität kann einer der folgenden Buchstaben sein: *N* (keine Parität), *O* (ungerade) und *E* (gerade).

datenbits kann eine der folgenden Zahlen sein: 7 oder 8.

stopbits kann eine der folgenden Zahlen sein: 1 oder 2.

Die Eingabe eines Kommas anstelle der Zahlenwerte führt zur Konfiguration mit dem entsprechenden Standardwert.

Die Standardwerte sind:

    parität = E

    datenbits = 7

    stopbits = 1 (110 Baud: 2 Stopbits)

Der Parameter *P* bewirkt, daß Daten kontinuierlich gesendet werden, auch wenn ein Timeout-Fehler auftrat.

Es ist empfehlenswert, die serielle Schnittstelle mit der Datei AUTOEXEC.BAT oder STARTUP.CMD zu konfigurieren, falls erforderlich.

MORE

more < quell_datei

quell_pfad | more

(Protected Mode, DOS-Kompatibilitätsmodus)

Durch diese Anweisung wird die Bildschirmausgabe unterbrochen, wenn die gesamte Anzeige mit Daten gefüllt wurde. So können umfangreiche Dateien in Ruhe eingesehen werden, die normalerweise kontinuierlich über den Monitor laufen. Nach dem Füllen einer Bildschirmdarstellung wird am unteren Bildrand

```
-more-
```

angezeigt, falls das Dateiende noch nicht erreicht ist. Mit einem beliebigen Tastendruck kann die folgende Seite aufgerufen werden, die Betätigung der Tastenkombination CTRL-C bricht die Bildschirmausgabe ab.

Hinweis: Die Anweisung MORE sollte nur mit Programmen eingesetzt werden, die keine Tastatureingabe erfordern.

Beispiele

Die Darstellung der umfangreichen Textdatei LIES.MCH auf dem Bildschirm ist ohne "durchlaufende" Darstellung wie folgt möglich:

```
MORE LIES.MCH
```

Die seitenorientierte Ausgabe des Befehles TREE sieht wie folgt aus:

```
TREE C: | MORE
```

PATCH

patch [[laufwerk:] [pfad] [datei]] [/A]

(Protected Mode, DOS-Kompatibilitätsmodus)

Mit dieser Anweisung können bestimmte Bytewerte in Programmdateien verändert werden. Aus diesem Grund sollten nur erfahrene Anwender von dem Befehl Gebrauch machen.

Option

/A. Die Option führt zum automatischen Patchen eines Programmes, mit den Daten einer Datei, die bereits sämtliche Änderungen enthält. Wird die Option nicht angegeben, erfolgt eine Eingabeaufforderung für den Offset- und den neuen Wert eines zu ändernden Bytewertes. Diese Eingaben erfolgen in hexadezimalen Zahlen.

Hinweis: Der Befehl sollte mit extremer Vorsicht gebraucht werden. Hierzu zählt die Erstellung von Sicherungskopien, bevor das Programm bearbeitet wird.

PATH

path [[laufwerk:] [pfad]] [; ...]

(Protected Mode, DOS-Kompatibilitätsmodus)

Die Anweisung übergibt dem Betriebssystem eine Liste mit Verzeichnissen, in denen nach *ausführbaren* Programmen gesucht wird. Nach der Übergabe eines Pfadnamens an das System können alle darin enthaltenen ausführbaren Dateien durch die Eingabe ihres Namens von einem beliebigen Verzeichnis heraus gestartet werden.

In der Liste der Pfadnamen können maximal 128 Zeichen enthalten sein. Die Verzeichnisse werden in der Reihenfolge durchsucht, in der sie in der Liste erscheinen. Pfadnamen werden durch Semikola voneinander abgetrennt, es sollte der Laufwerksname vorangestellt werden.

Hinweis: Ausführbare Dateien erkennt man an den Dateinamenserweiterungen .BAT, .CMD, .COM und .EXE. Mit PATH können im Unterschied zu DPATH keine Verzeichnisse zur Suche nach Datendateien angegeben werden. Der kombinierte Einsatz beider Befehle erlaubt eine übersichtliche Verzeichnisstruktur auf umfangreichen Festplatten. Häufig verwendete Pfadnamen sollten bereits in der AUTOEXEC.BAT-Datei gesetzt werden.

Beispiel

Die Befehle im Verzeichnis C:\OS2\UTIL\ sollen stets durch die Eingabe ihres Namens zur Verfügung stehen, auch wenn beispielsweise im Verzeichnis C:\MM\SPELL\ gearbeitet wird:

```
PATH C:\OS2\UTIL
```

Von einem beliebigen Pfad aus läßt sich nun der Befehl CHKDSK (der im Verzeichnis C:\OS2\UTIL\ gespeichert ist) durch Eingabe des Namens starten:

```
CHKDSK
```

Die Abfrage der gesetzten Pfade ist wie folgt möglich:

```
PATH
```

Desaktivieren Sie die übergebenen Pfadnamen:

```
PATH ;
```

Weitere Hinweise zum Setzen von Suchpfaden finden Sie bei der Beschreibung der Befehle DPATH und APPEND.

PRINT

```
print [/D:ziel_drucker] [/B] [[laufwerk:] [pfad] [datei]] [...]
print [/D:ziel_drucker] [(/C)(/T)]
```

(Protected Mode, DOS-Kompatibilitätsmodus)

Der Befehl übergibt eine oder mehrere Dateien an einen Drucker. Dabei läuft der Druckprozeß im Hintergrund, so daß während des Druckens andere Aufgaben bearbeitet werden können. An PRINT kann eine Liste mit Dateien übergeben werden, die fortlaufend nacheinander gedruckt werden.

Mit der Anweisung PRINT können keine Steuerzeichen in Dateien entschlüsselt werden. Aus diesem Grund eignet sich der Befehl vor allem für die Ausgabe (unformatierter) ASCII-Dateien.

In Dateinamen können Dateigruppenzeichen vorkommen und ihnen können Laufwerks- oder Pfadnamen vorangestellt werden. Die übergebene Zeichenkette aus Laufwerks-, Pfad- und Dateiname darf maximal 64 Zeichen lang sein.

Beim ersten Aufruf des Befehls fragt OS/2 nach dem Druckeranschluß. Die Betätigung der Return-Taste führt zur Ausgabe über die Schnittstelle LPT1.

Optionen

/D. Die Option erlaubt die Angabe des Druckerausgangs. Möglich sind: LPT1 bis LPT3, COM1 bis COM8.

/T. Die Option bricht den Druck der Dateien in der Warteliste ab.

/C. Durch */C* wird der gerade laufende Druckvorgang abgebrochen.

/B. Mit dieser Option wird PRINT veranlaßt, Ende-der-Datei-Markierungen (EOF) zu ignorieren.

Hinweis: Vor dem Einsatz der Anweisung PRINT sollte die Anweisung SPOOL aktiviert werden, um die Druckvorgänge verschiedener Bildschirmgruppen voneinander trennen zu können.

Der Unterschied zur Anweisung SPOOL besteht darin,
daß PRINT Dateien aus einer Warteschlange druckt, während SPOOL die Ausgabe von Anwenderprogrammen an
den Drucker im Hintergrund weitergibt.

Beispiele

Zum Drucken der README- und aller C-Quellcodedateien im aktuellen Verzeichnis kann der Befehl wie folgt
eingesetzt werden:

PRINT README *.C

Nach einer Weile soll überprüft werden, welche Dateien
noch nicht gedruckt wurden:

PRINT

Die restlichen Dateien sollen nun nicht mehr ausgegeben
werden:

PRINT /T

PROMPT

prompt [text] [$steuerzeichen] [,$steuerzeichen] [...]

(Protected Mode, DOS-Kompatibilitätsmodus)

Mit dieser Anweisung kann man die Systemeingabeaufforderung einstellen. Normalerweise zeigt die Systemeingabeaufforderung den gültigen Pfadnamen in einem Paar eckiger Klammern an.

Im DOS-Kompatibilitätsmodus wird der Systemeingabeaufforderung entweder das Wort REAL in eckigen Klammern vorangestellt (*[REAL C:\]*) oder ein Größer-als-Zeichen angefügt (*C:\>*), wobei jeweils der aktuelle Pfadname angezeigt wird.

Sollen in der Systemeingabeaufforderung andere Informationen als der Pfadname gezeigt werden, kann dies mit
der Anweisung PROMPT entsprechend den Parametern
aus folgender Tabelle eingestellt werden.

Code	Anzeige
$t	Uhrzeit (Systemuhr)
$d	Datum (Systemuhr)
$n	nur aktuelles Laufwerk
$p	Pfadname (aktuelles Laufwerk/Verzeichnis)
$v	OS/2-Versionsnummer
$_	CR/LF: Sprung in neue Bildschirmzeile
$e	Escape (ASCII-Zeichen 127)
$h	Rückschritt
$q	Gleichheitszeichen
$g	>
$l	<
$b	| (ASCII-Zeichen 124)
$$	$
$c	(
$f	)
$a	&
$s	Leerzeichen
$i	Anzeige der Hilfszeile (nur IBM-OS/2)

Hinweis: Beim manuellen Verändern der Systemeingabeaufforderung sollte
darauf geachtet werden, daß sich die Aufforderung des DOS-Kompatibilitätsmodus von der des SESSION MANAGER unterscheidet, da in den beiden Modi Unterschiede bei einigen OS/2-Befehlen auftreten.

Beispiele

Die Systemeingabeaufforderung soll die Initialen des Benutzers, die Zeit (von der Systemuhr) sowie das aktuelle Verzeichnis auf verschiedenen Zeilen anzeigen:

```
PROMPT TIME: $T $_VERZEICHNIS: $p $_[ SL/AS ]
```

Das Ergebnis erscheint wie folgt auf dem Bildschirm:

```
TIME: 11:04:10

VERZEICHNIS: C:\WORD\BRIEF2

[ SL/AS ]
```

RECOVER

recover [laufwerk:] [pfad] datei
recover laufwerk

(Protected Mode, DOS-Kompatibilitätsmodus)

Mit dieser Anweisung kann der Versuch unternommen werden, beschädigte Diskettensektoren wiederherzustellen. Ein beschädigter Sektor kann von OS/2 nicht gelesen werden, so daß eventuell ganze Dateien unbrauchbar werden. Ein beschädigter Sektor, der die Dateizuordnungstabelle enthält, kann das Lesen der Dateien einer gesamten Diskette vereiteln.

Es gibt zwei Möglichkeiten, um herauszufinden, ob und an welcher Stelle eine Diskette beschädigt ist. Bei dem Versuch, eine Datei zu lesen, gibt OS/2 eine Fehlermeldung aus. Die andere Möglichkeit besteht in der Verwendung des Befehls CHKDSK, der Informationen über beschädigte Sektoren ausgibt.

RECOVER bietet in einem solchen Fall die Möglichkeit begrenzter Hilfe:

Beschädigte Datendateien (Textdateien)

Der größte Teil des Textes wird wieder lesbar gemacht, indem der beschädigte Sektor einfach aus dem Text herausgenommen wird.

Beschädigte Programmdateien

Die Datei wird so verändert, daß die nicht beschädigten Teile wieder lesbar werden. *Vorsicht:* Eine mit dem Befehl RECOVER wiederhergestellte Programmdatei darf niemals ohne weitere Bearbeitung gestartet werden!

Beschädigte Dateibelegungstabelle

Folgendes Vorgehen wird empfohlen: Zuerst werden sämtliche lesbaren Dateien von der Diskette gesichert und danach auf dem Original gelöscht. Anschließend wird der Befehl RECOVER ausgeführt. Dabei wird von OS/2 der Versuch unternommen, möglichst viele Dateien wieder lesbar zu machen. Allen Dateien, bei denen dies geglückt ist, wird ein fortlaufender, numerischer Name zugewiesen. Danach sollte man den Dateien mit RENAME die ursprünglichen Namen wieder zuweisen.

Hinweis: Der Befehl RECOVER sollte nicht von unerfahrenen Anwendern eingesetzt werden, da ein inkompetent ausgeführter Versuch der Datenrettung zum endgültigen Verlust aller Dateien führen kann.

Beispiel

Auf einer Diskette lassen sich Textdateien in einem Verzeichnis nicht mehr einlesen, nachdem die Diskette geknickt wurde. Es wird der folgende Befehl nach dem Einlegen der beschädigten Diskette in Laufwerk A ausgeführt:

```
RECOVER A:
```

RENAME oder REN

ren [laufwerk:] [verzeichnis_name] alt_name neu_name

(Protected Mode, DOS-Kompatibilitätsmodus)

Mit dieser Anweisung kann der Name einer Datei oder einer Gruppe von Dateien verändert werden. In den Dateinamen (*alt_name*, *neu_name*) sind Dateigruppenzeichen zulässig.

Beispiele

Die Datei WERBUNG.TXT soll einen neuen Namen erhalten, weil eine andere Datei unter diesem Namen gespeichert werden soll.

```
RENAME C:\BUCH\WERBUNG.TXT WERB1.TXT
```

Eine Gruppe von Dateien mit der Erweiterung .TXT soll die Namenserweiterung .DOC erhalten, damit sie in ein Layoutprogramm eingelesen werden können.

```
RENAME C:\VP\ *.TXT *.DOC
```

REPLACE

replace [quell_laufwerk:] [quell_pfad] [quell_datei] [ziel_laufwerk:] [ziel_pfad] [(/S)(/A)] [/P] [/R] [/W]

(Protected Mode, DOS-Kompatibilitätsmodus)

Mit dieser Anweisung kann man in einem Verzeichnis Dateien durch Dateien gleichen Namens aus einem anderen Verzeichnis ersetzen. Hiermit sollen insbesondere alte Versionen von Dateien durch neue Versionen ersetzt werden.

Voraussetzung für das erfolgreiche Ersetzen (*replace*) von Dateien ist, daß im Verzeichnis, in dem ersetzt werden soll, bereits eine Datei des gewünschten Namens steht.

Optionen

/S. Sämtliche Unterverzeichnisse des Zielverzeichnisses werden nach dem angegebenen Dateinamen durchsucht.

/A. Nur die Dateien werden in das Zielverzeichnis kopiert, deren Namen dort noch *nicht* existieren.

/P. Vor der Durchführung einer Ersetzungsoperation wird für jede Datei eine separate Bestätigung angefordert.

/R. Dateien mit dem Attribut *Nur-Lesen* werden ebenso wie alle anderen Dateien ersetzt.

/W. Vor dem Beginn der Operation wird eine Eingabeaufforderung zum Einlegen einer Diskette ausgegeben.

Beispiel

Einige Textdateien wurden aus dem Büro mit nach Hause genommen, um sie zu überarbeiten. Sie sollen danach die alten Versionen in verschiedenen Unterverzeichnissen auf der Festplatte nach einer Sicherheitsabfrage ersetzen:

```
REPLACE A:\*.* C:\TEXT /S /P
```

RESTORE

restore backup_laufwerk: [ziel_laufwerk:] [ziel_pfad]
[ziel_datei] [/S] [/P] [/B:datum] [/A:datum] [/E:zeit]
[/L:zeit] [/M] [/N]

(Protected Mode, DOS-Kompatibilitätsmodus)

Mit diesem Befehl kann man die Dateien, die durch den
Befehl BACKUP von einer Festplatte gesichert wurden,
bei Bedarf wieder installieren. Dateien, die auf der Festplatte beschädigt oder gelöscht wurden, können, sofern
ein Backup vorhanden ist, so wiederhergestellt werden.

Der Befehl kann auf einzelne Dateien oder auf Gruppen
von Dateien angewendet werden. Dateigruppenzeichen in
den Dateinamen sind zulässig.

Optionen

/S. Auch in allen Unterverzeichnissen des angegebenen
Verzeichnisses werden die Dateien wiederhergestellt.

/P. Vor der Wiederherstellung von Dateien, die seit dem
letzten BACKUP verändert wurden oder die das Attribut
Nur-Lesen tragen, wird eine Sicherheitsabfrage ausgegeben.

/B:datum. Nur die Dateien, die vor oder zu einem angegebenen Datum verändert wurden, werden wiederhergestellt.

/A:datum. Nur die Dateien, die nach oder zu einem angegebenen Datum verändert wurden, werden wiederhergestellt.

/E:zeit. Nur die Dateien, die vor oder zu einer angegebenen Zeit verändert wurden, werden wiederhergestellt.

/L:zeit. Nur die Dateien, die nach oder zu einer angegebenen Zeit verändert wurden, werden wiederhergestellt.

/M. Nur die Dateien werden wiederhergestellt, deren
Zieldateien nach dem letzten BACKUP verändert wurden.

/N. Nur die Dateien werden wiederhergestellt, die auf
dem Zieldatenträger nicht existieren.

Beispiel

Eine gesamte Festplatte wurde mit dem Befehl BACKUP
gesichert. Nun sollen einige versehentlich gelöschte Datei-
en wieder auf die Festplatte in das Verzeichnis \PRESSE
kopiert werden:

```
RESTORE A: C:\PRESSE /N
```

RMDIR oder RD

rd [[laufwerk:] [pfad]] [...]

(Protected Mode, DOS-Kompatibilitätsmodus)

Mit dieser Anweisung können ein oder mehrere Verzeichnisse aus einem Verzeichnisbaum entfernt werden. Verzeichnisse sollten nur dann gelöscht werden, wenn sie
nicht mehr benötigt werden. Es können nur leere Verzeichnisse gelöscht werden, die bei der Löschung nicht
das aktuelle Verzeichnis sein dürfen. Im DOS-Kompatibilitätsmodus kann jeweils nur ein Verzeichnis gelöscht
werden.

Beispiel

Am Jahresende werden die Verzeichnisse \UMSATZ88 und \BILANZ88 nicht mehr benötigt. Nach dem Erstellen von Sicherungskopien und dem Löschen aller Dateien in diesen Verzeichnissen werden die Verzeichnisse gelöscht:

```
RD \UMSATZ88 \BILANZ88
```

Weitere Hinweise zur Änderung der Verzeichnisstruktur eines Datenträgers finden Sie in den Einträgen zu den Befehlen TREE und MKDIR.

SET

set [variablen_name= [variablen_wert]]

(Protected Mode, DOS-Kompatibilitätsmodus)

Dieser Befehl weist einer Umgebungsvariable einen Wert zu. Der Umgang mit Umgebungsvariablen ist nur für fortgeschrittene Anwender gedacht. Werte für einen Pfad- oder Dateinamen werden mit einem Namen bezeichnet, der Programmen durch diesen Namen den Zugriff auf die Umgebungsvariable gestattet.

Üblicherweise wird mit dem Befehl SET Compilern mitgeteilt, wo deren Bibliotheken zu finden sind. Auch Anwendersoftware erlaubt oft die menügesteuerte Einstellung von Umgebungsvariablen.

Die Eingabe von SET ohne Parameter zeigt die Umgebungsvariablen an.

Die Eingabe von SET mit einem Variablennamen ohne andere Parameter führt zum Löschen der Umgebungsdefinition für diese Variable.

Jede Bildschirmgruppe verfügt über eine eigene Umgebung, die explizit konfiguriert werden muß.

Auf die Werte von Umgebungsvariablen kann aus Stapelverarbeitungsdateien heraus und von der Systemeingabeaufforderungsebene aus zugegriffen werden, indem die Anweisungen in Prozentzeichen eingeschlossen werden. %PATH% wird so in einer Stapelverarbeitungsdatei auf den Wert gesetzt, der mit SET PATH definiert wurde.

Folgende Anweisungen können SET-Parameter übernehmen: %PATH%, %DPATH%, %PROMPT%, %COMSPEC% und anwenderdefinierte Variablen.

Beispiel

Ein Compiler sucht nach Bibliotheken entsprechend der Werte in einer anwenderdefinierten Variable mit Namen LIB. Diese Dateien befinden sich im Verzeichnis \C\LIB. Die Umgebung kann mit SET wie folgt definiert werden:

```
SET LIB=C:\C\LIB
```

Hinweis: Die Eingabe von Leerzeichen ist nicht erlaubt.

SETCOM40

setcom40 COMnummer = (ON)(OFF)

(DOS-Kompatibilitätsmodus)

Mit dieser Anweisung kann im DOS-Kompatibilitätsmodus eine serielle Schnittstelle konfiguriert werden. Bestimmte Ein- und Ausgabegeräte, wie Modems, Mäuse und Drucker funktionieren im DOS-Kompatibilitätsmodus unter OS/2 nicht immer, wenn die zugehörige Software für den Einsatz unter MS-DOS geschrieben wurde.

nummer ist eine der Zahlen 1, 2 oder 3.

Zuerst muß die Schnittstelle jedoch mit der Anweisung *DEVICE=COM0x.SYS* in der Datei CONFIG.SYS konfiguriert werden.

Optionen

ON erlaubt den Zugriff auf die angesprochene Schnittstelle.

OFF desaktiviert die Schnittstelle.

Hinweis: Vor der Verwendung eines Programmes, das auf die Schnittstelle zugreift, muß diese mit der Option ON aktiviert werden. Sofort nach der Beendigung des Programmes sollte sie wieder desaktiviert werden.

Falls ein Protectet Programm in einer OS/2-Bildschirmgruppe auf eine Schnittstelle zugreift, sollte *nicht* gleichzeitig eine Anwendung der DOS-Box auf dieselbe Schnittstelle zugreifen. In jedem Falle muß das Programm in der OS/2-Bildschirmgruppe zuerst geschlossen werden.

Beispiel

Ein Modem soll aus der DOS-Box heraus einen Datentransfer vornehmen. Nach dem Schließen aller Bildschirmgruppen, die auf die serielle Schnittstelle 2 zugreifen, wird diese wiederum wie folgt aktiviert:

```
SETCOM40 COM2 = ON
```

Sofort nach der Beendigung des Programms wird die Schnittstelle desaktiviert:

```
SETCOM40 COM2 = OFF
```

SORT

sort programm | sort [/R] [/+start_spalte]
sort [/R] [/+start_spalte] datei_name

(Protected Mode, DOS-Kompatibilitätsmodus)

Mit dieser Anweisung können Dateien und der Inhalt von Dateien sortiert werden. SORT wird stets mit Umleitungssymbolen verwendet, wobei sowohl die Ein- als auch die Ausgabe umgeleitet werden kann.

Die Datei wird zeilenweise sortiert und das Ergebnis auf dem Bildschirm ausgegeben. Groß- und Kleinschreibung werden nicht unterschieden.

Optionen

/R. Die Datei wird in absteigender alphanumerischer Reihenfolge ausgegeben.

/+. Die Vergleichsoperation wird mit dem Zeichen in der (hinter dem Pluszeichen angegebenen) Spalte jeder Zeile begonnen.

Beispiel

Die Dateien in Laufwerk E sollen nach der Dateinamenserweiterung sortiert werden:

```
DIR E: |SORT /+10
```

SPOOL

spool [/laufwerk:] [verzeichnisname] [/D:geräteeinheit]
[/O:geräteeinheit]

(Protected Mode, DOS-Kompatibilitätsmodus)

Diese Anweisung ermöglicht das Drucken im Hintergrund.
Damit behindern zeitaufwendige Druckausgaben nicht die
Arbeit mit anderen Programmen am Computer.

Zu dem Befehl PRINT besteht ein wichtiger Unterschied:
Während SPOOL die Ausgabe von Anwenderprogrammen
im Hintergrund weitergibt, verwaltet PRINT die (Ausgabe-) Dateien in einer Warteschlange.

Die Angaben *laufwerk* und *verzeichnisname* geben an, wo
die Anweisung SPOOL Temporärdateien zur Zwischenlagerung ablegen kann.

Optionen

/D geräteeinheit. Die Geräteeinheit kann PRN, LPT1,
LPT2 und LPT3 sein und muß stets hinter */D* angegeben
werden. Verfügt ein System über mehrere Drucker, muß
für jeden ein eigener Spooler eingerichtet werden.

/O. leitet die Ausgabe zu der angegebenen Geräteeinheit
um. Falls Software stets auf die parallele Schnittstelle
LPT1 zugreift, kann durch die Angabe von */O PRN* ein
serieller Drucker angesprochen werden. Standardwert ist
die Geräteeinheit, die in Verbindung mit der Option */D*
angegegeben wurde.

Hinweise

Die serielle Schnittstelle muß entsprechend konfiguriert
werden.

Im DOS-Kompatibilitätsmodus kann es vorkommen, daß
die Ausgabe erst nach dem Abbruch des Programms beginnt. Der Beginn der Ausgabe kann durch die Betätigung
der Tastenkombination CTRL-ALT-PRTSC erzwungen
werden.

Vor dem Einsatz der Anweisung PRINT sollte die Anweisung SPOOL gestartet werden.

Wird SPOOL eingesetzt, wenn zunächst die Anweisung
PRINT aktiv war, muß mit *PRINT /T* überprüft werden,
ob die Warteschlange leer ist.

Beispiel

Ein wissenschaftliches Programm erstellt zeitaufwendige
Plotterdateien, die aufgrund der langsamen Ausgabegeschwindigkeit andere Arbeitsabläufe behindern. Die
Druckausgabe kann mit folgender Anweisung in den Hintergrund verlegt werden:

```
SPOOL
```

START

start ["programm_titel"] [/C] programm_name
[programm_parameter]

(Protected Mode)

Mit dieser Anweisung wird eine neue Bildschirmgruppe
gestartet.

Die Syntax der Anweisung erlaubt den automatischen
Start von Programmen über einen Aufruf aus Stapelverarbeitungsdateien heraus.

Parameter

programm_titel ist der Eintrag in der Liste der laufenden Programme des SESSION MANAGER. Der Standardeintrag ist der Programmname.

programm_name ist der Name des Programmes. Es kann ein beliebiges Applikationsprogramm oder eine OS/2-Anweisung gestartet werden.

programm_parameter sind Parameter, die dem Programm beim Start übergeben werden.

Option

/C. Die Option */C* weist OS/2 an, die Bildschirmgruppe zu schließen, sobald das Programm darin beendet ist. Der Einsatz der Option wird empfohlen, wenn Programme automatisch gestartet werden.

Hinweis: Soll die Ausgabe des gestarteten Programms umgeleitet werden, müssen Programmname und Umleitungssymbol mit doppelten Anführungszeichen umschlossen und ein Programmname genannt werden.

Beispiel

Zum Starten einer Textverarbeitung im Verzeichnis W4 wird der folgende Befehl eingesetzt:

```
START "Textverarbeitung" /C C:\W4
```

SUBST

```
subst [neues_laufwerk: real_laufwerk:real_verzeichnis]
subst laufwerk:[verzeichnis] /D
```

(DOS-Kompatibilitätsmodus)

Diese Anweisung ersetzt einen Verzeichnisnamen durch einen Laufwerksnamen. Ein Verzeichnis wird als Laufwerk angesprochen, so daß ältere Programme, die keine Verzeichnisse kennen, auch auf die Festplatte (und deren Verzeichnissystem) zugreifen können. Auch zur Abkürzung umfangreicher Pfadnamen kann die Anweisung SUBST verwendet werden.

Der Parameter *neues_laufwerk* muß stellvertretend für ein Laufwerk angegeben werden, das noch nicht existiert.

Die Eingabe von SUBST ohne Parameter zeigt, welche Verknüpfungen derzeit bestehen.

Option

/D. Die Option desaktiviert die Ersetzung für das angegebene Laufwerk.

Weitere Befehle für Zugriffsumleitungen auf Laufwerke finden Sie unter ASSIGN.

Beispiel

Häufig werden Texte im Verzeichnis C:\BUCH\WIND-\TEXT\KAP1 gesucht. Zur Vermeidung der Eingabe des langen Pfadnamens wird hierfür die Laufwerksbezeichnung *W:* substituiert:

```
SUBST W: C:\BUCH\WIND\TEXT\KAP1
```

Die Verknüpfung wird mit dem folgenden Befehl aufgehoben:

```
SUBST W: /D
```

SYS

sys laufwerk:

(Protected Mode, DOS-Kompatibilitätsmodus)
Diese Anweisung erzeugt im angegebenen Laufwerk eine
Systemdiskette. Mit einer Systemdiskette kann man einen
Computer starten. Die Diskette muß formatiert und unbe-
spielt - das heißt leer- sein. Nach der Ausführung der
Anweisung SYS sollten die Dateien COMMAND.COM und
CMD.EXE auf die Diskette übertragen werden, da diese
beim Systemstart benötigt werden.

Beispiel
Das Anlegen einer Systemdiskette in Laufwerk A kann
wie folgt realisiert werden:

```
SYS A:
```

TIME

time [stunden:minuten [:sekunden [.hunderstel]]]

(Protected Mode, DOS-Kompatibilitätsmodus)
Mit dieser Anweisung kann die Systemuhr eingestellt werden.

Verfügt der Computer über eine eingebaute Uhr, so bleibt
die eingestellte Uhrzeit auch nach einem Abschalten erhalten. Andernfalls empfiehlt sich die Aufnahme des Befehls in die Datei AUTOEXEC.BAT, da verschiedene Befehle bei Dateioperationen auch Datums- und Zeitangaben
benötigen, etwa bestimmte Optionen des Befehls BACK-
UP.

Das Eingabeformat der Uhrzeit variiert in Abhängigkeit
vom Befehl COUNTRY in der Datei CONFIG.SYS.

Beispiele
Die Systemuhrzeit kann man sich wie folgt anzeigen lassen:

```
TIME
```

Die Zeiteinstellung ist nicht korrekt und soll nun auf
10.00 Uhr gesetzt werden:

```
TIME 10:00:00 <RETURN>
```

TREE

tree [laufwerk:] [/F]

(Protected Mode, DOS-Kompatibilitätsmodus)
Diese Anweisung zeigt die Verzeichnisstruktur des angegebenen Datenträgers. Von Zeit zu Zeit kann so die
Übersichtlichkeit auf einer umfangreichen Festplatte
überprüft werden.

Option
/F. Die Option zeigt zusammen mit der Verzeichnisstruktur auch den Inhalt der Verzeichnisse an - die Dateien.

Beispiele

Vor dem Anlegen eines weiteren Verzeichnisses soll die bisherige Struktur der Festplatte C überprüft werden:

`TREE C:`

Da mit der Ausgabe oft mehrere Bildschirmseiten gefüllt werden, empfiehlt sich die Verknüpfung mit dem Befehl MORE (oder auch die Umleitung in eine Datei):

`TREE C: | MORE`

TYPE

type [[laufwerk:] [pfad] [datei]] [...]

(Protected Mode, DOS-Kompatibilitätsmodus)

Mit dieser Anweisung kann man den Inhalt einer Datei auf dem Bildschirm ausgeben. Das ist zur schnellen Einsichtnahme in Text- oder Datendateien sinnvoll. Die Ausgabe kann mit der Anweisung MORE gesteuert oder zum Drucker umgeleitet werden.

Vorsicht: Auch Programmdateien können auf diese Weise eingesehen werden. Das sollte unterbleiben, da hierbei eventuell Steuerzeichen gelesen werden, die Fehlermeldungen verursachen können.

Im DOS-Kompatibilitätsmodus kann nur eine Datei angezeigt werden. In einer OS/2-Bildschirmgruppe können mehrere Dateien angezeigt werden, wobei die Angabe der anzuzeigenden Dateien Dateigruppenzeichen enthalten darf.

Beispiele

Eine README-Datei in Laufwerk A soll angezeigt werden:

`TYPE A:README`

Die Datei soll anschließend auf dem Drucker ausgegeben werden:

`TYPE README > PRN`

VER

ver

(Protected Mode, DOS-Kompatibilitätsmodus)

Die Anweisung zeigt die Versionsnummer des verwendeten OS/2-Systems an. Einige Softwarepakete benötigen zum Betrieb bestimmte Versionen von OS/2, damit die korrekte Systemumgebung (Verfügbarkeit erst später aufgenommener Funktionalitäten) sichergestellt werden kann.

Beispiel

Im folgenden wird die Versionsnummer erfragt:

`VER`

VERIFY

verify [(ON)(OFF)]

(Protected Mode, DOS-Kompatibilitätsmodus)

Mit dieser Anweisung kann der Verifikationsstatus beim Schreiben von Daten verändert werden. Normalerweise sollten beim Schreiben von Daten keine Fehler auftreten, doch insbesondere fehlerhafte Disketten können zu Schreibfehlern führen. Bei gesetztem Status VERIFY ON überprüft OS/2, ob alle Daten korrekt geschrieben wur-

den, was den Schreibprozeß allerdings verlangsamt. Die
Eingabe von VERIFY ohne Parameter zeigt den aktuellen
Status an.

Beispiel

Vor dem Beschreiben einer Diskette soll die Schreibverifi-
kation gesetzt werden:

VERIFY ON

VOL

vol [laufwerk:] [...]

(Protected Mode, DOS-Kompatibilitätsmodus)

Diese Anweisung liefert den Datenträgerkennsatz eines
Datenträgers. Zur Identifikation einer Diskette kann die-
ser mit den Anweisungen FORMAT /V oder LABEL ein
Name zugewiesen werden.

Im DOS-Kompatibilitätsmodus kann immer nur ein Datenträger zu einem Zeitpunkt überprüft werden.

Weitere Hinweise zu Datenträgerkennsätzen finden Sie bei
den Anweisungen DIR, FORMAT /V und LABEL.

Beispiel

Die Diskettennamen in den Laufwerken A und B sollen
angezeigt werden:

VOL A: B:

XCOPY

xcopy [quell_laufwerk:][quell_pfad][quell_datei]
[ziel_laufwerk:][ziel_pfad][ziel_datei] [/S [/E]] [/P] [/V]
[(/A)(/M)] [/D:datum]

(Protected Mode, DOS-Kompatibilitätsmodus)

Diese Anweisung ist eine erweiterte Kopieroperation für
Dateien. Es können ganze Disketten- oder Verzeichnisin-
halte mit Unterverzeichnissen kopiert werden. Gleichzeitig
werden fragmentierte Dateien in zusammenhängender
Form auf dem Zieldatenträger abgelegt.

In den Dateinamen ist die Angabe von Dateigruppenzeichen erlaubt.

Optionen

/S. Alle Unterverzeichnisse, die mindestens einen Eintrag
beinhalten, werden kopiert.

/E. Auch leere Unterverzeichnisse werden mitkopiert.
Diese Option muß zusammen mit der Option */S* angegeben werden.

/P. Es wird vor der Kopie einer Datei eine Bestätigungs-
aufforderung ausgegeben.

/V. Die fehlerfreie Übertragung von Dateien wird überprüft.

/A. Es werden nur die Dateien kopiert, deren Archiv-Bit
gesetzt ist.

/M. Es werden nur die Dateien kopiert, deren Archiv-Bit
gesetzt ist; nach beendeter Kopie wird das Archiv-Bit
zurückgesetzt.

/D. Nur die Dateien, die zu oder nach einem angegebenen Datum modifiziert wurden, werden kopiert. Das For-

mat der Datumsangabe hängt von der Einstellung der Anweisung COUNTRY ab.

Beispiele

Alle Dateien im aktuellen Verzeichnis und in dessen Unterverzeichnissen sollen auf eine Diskette in Laufwerk A:
kopiert werden.

```
XCOPY A: /S
```

Einige aktualisierte Dateien von einer Festplatte, die nach
dem 5.12.1988 modifiziert wurden, sollen auf die Festplatte kopiert werden. Andere Dateien sollen nicht kopiert
werden. Beachten Sie hier die Verwendung des amerikanischen Datumsformates:

```
XCOPY D:\*.* C:\DAT\*.* /D:5-12-89
```

Umleitungssymbole in OS/2

Umleitungssymbole geben an, woher ein Programm seine
Eingabe erhält und wohin die Ausgabe übergeben werden
soll. Zur Steuerung einer Umleitung stehen verschiedene
Symbole zur Verfügung.

Eingaberichtung

< datei_name

Die Einheit hinter dem Zeichen Kleiner-als ist die Quelle
der Information. Eine Information kann zum Beispiel aus
einer Datei übernommen werden.

Hinweis: Die Ein- und Ausgabeumleitung können in Kombination verwendet werden.

Ausgaberichtung

> geräteeinheit

> datei

Die Einheit hinter dem Zeichen Größer-als ist das Ziel
der Ausgabe. Eine Information kann zum Beispiel auf einem Drucker ausgegeben oder in einer Datei abgelegt
werden, die zu diesem Zweck erzeugt wird. Die Umleitung arbeitet nur dann zufriedenstellend, wenn es reine
Textausgabe ist.

Ausgaberichtung und Anhängen

>> datei_name

Das Ziel der Ausgaberichtung steht hinter den beiden
Zeichen Größer-als, wobei die umgeleitete Ausgabe mit
einer Zieleinheit verknüpft wird. Die Zieldatei wird neu
angelegt, wenn sie noch nicht existiert. Der Zweck dieser
Anweisung ist jedoch das Verknüpfen von Daten mit bereits bestehenden Dateien.

Unter OS/2 stehen außerdem drei Standarddateien für die
Umleitung zur Verfügung:

Datei	Bedeutung
0	Standardeingabe
1	Standardausgabe
2	Standardfehler

Beispiel

Alle Fehlermeldungen einer OS/2-Anweisung sollen in eine Datei geschrieben werden:

```
DIR *.* > PRN 2> FEHLDAT
```

Hinweis: Zwischen den Ziffern und dem Umleitungssymbol dürfen keine
Leerzeichen stehen.

Piping

Ausgabeerzeugung | Ausgabeaufnahme

Das Symbol | bedeutet, daß eine Anweisung oder ein Pro-
gramm die Ausgabe eines anderen Programms als Eingabe
benutzt. Die Kombination mit anderen Umleitungssymbolen ist zulässig.

Beispiel

```
DIR C: | SORT > LPT1
```

Verzweigungssteuerung

Die Verzweigungssteuerung dient der Überprüfung von Bedingungen. Die Steuerung der Ausgabe funktioniert nicht im DOS-Kompatibilitätsmodus.

Zur Verzweigungssteuerung stehen folgende Vergleichsoperatoren zur Verfügung:

Operator	Symbol
ALL	&
AND	&&
OR	||

Alle Operatoren können in einer Anweisungszeile miteinander kombiniert werden. Die geschickte Kombination der Verzweigungssteuerung kann dazu herangezogen werden, die Ausführung von OS/2-Anweisungen vom Ergebnis der Ausführung anderer Anweisungen abhängig zu machen.

Beispiel

Es soll ein Laserdrucker mit den Daten der Datei SETUP-LAS konfiguriert werden. Mißlingt dies, soll ein Matrixdrucker mit SETUPMAT konfiguriert werden:

```
SETUPLAS || SETUPMAT
```

Stapelverarbeitung mit OS/2

Oft müssen in OS/2 mehrere Befehle hintereinander eingegeben werden, um die gewünschte Wirkung zu erreichen. So erfolgt der Start der Textverarbeitung im Verzeichnis \WP durch die Anweisung CD, gefolgt von der Ausführung von DIR und dem Start des Programms.

Eine Folge von Befehlen kann auch gespeichert werden. Die Datei, die diesen Stapel von Befehlen dann nacheinander abarbeitet, heißt *Stapelverarbeitungsdatei*. Zum Anlegen leistungsfähiger Stapelverarbeitungsdateien (*batch file*) stehen neben den bekannten MS-DOS-Befehlen weitere Befehle zur Verfügung. Diese erlauben erweiterte Funktionen von Stapelverarbeitungsdateien, etwa die Ausgabe von Meldungen oder die selektive Ausweitung einer Anweisung auf mehrere Dateien.

Eine besondere Stapelverarbeitungsdatei trägt den Namen AUTOEXEC.BAT. Nach dem Systemstart sucht OS/2 nach dieser Datei und führt alle darin enthaltenen Befehle aus. So kann der Computer schon beim Start auf bestimmte Bedürfnisse eingerichtet werden. In allen Fällen gehört hierzu die Installation der richtigen Tastaturtreiber und die Einstellung der Arbeitsumgebung.

CALL

Syntax

call name_stapelverarbeitung parameter

Mit dieser Anweisung kann eine andere Stapelverarbeitungsdatei als Unterprogramm aufgerufen werden. Dies kann auch durch die Eingabe des Namens einer anderen Stapelverarbeitung erfolgen, jedoch wird dann nach der Beendigung der aufgerufenen Stapelverarbeitungsdatei die Kontrolle nicht an das aufrufende Programm zurückgegeben.

Zur dynamischen Einbindung weiterer Stapelverarbeitungsdateien sollte diese Anweisung verwendet werden. Dabei wird die oberste Stapelverarbeitungsdatei bis zum Ende abgearbeitet.

ECHO

Syntax

echo [(ON)(OFF)(ausgabe_text)]

Bei der sequentiellen Abarbeitung von Stapelverarbeitungsdateien werden die einzelnen Befehle nacheinander gelesen und auf dem Bildschirm ausgegeben, so als seien sie von Hand eingegeben worden. Dies kann durch die Eingabe

```
ECHO OFF
```

unterbunden werden. Mit ECHO ON wird die Anzeige auf dem Bildschirm wieder eingeschaltet.

Bei aktiviertem Status ECHO OFF können Mitteilungen an den Benutzer ausgegeben werden, indem hinter der Anweisung ECHO ein *ausgabe_text* folgt. So können dem Anwender Mitteilungen sowohl zum aktuellen Status des Computers als auch Bedienungshinweise gegeben werden.

Beispiel

Dem Benutzer soll mitgeteilt werden, wenn das System erfolgreich konfiguriert worden ist:

```
ECHO System erfolgreich konfiguriert!
```

Die so erstellte Ausgabe lautet:

```
System erfolgreich konfiguriert!
```

ENDLOCAL, SETLOCAL, STARTLOCAL

Syntax

```
setlocal
.
.
.
endlocal
```

Diese Anweisungen können die Umgebungsparameter in einer Stapelverarbeitungsdatei speichern und verändern. Bei der Ausführung einer Stapelverarbeitungsdatei kann es erforderlich werden, daß auf bestimmte Verzeichnisse zugegriffen wird. Dies kann zwar auch mit den entsprechenden anderen OS/2-Befehlen geschehen, doch bieten SETLOCAL und ENDLOCAL eine weitaus elegantere Methode, da hiermit auch Umgebungsparameter durch die Eingabe zwischen SETLOCAL und ENDLOCAL eingesetzt werden können. Werden die neuen Umgebungsparameter nicht mehr benötigt, kann die alte Umgebung durch den Befehl ENDLOCAL wiederhergestellt werden.

Für die Verwendung mit ENDLOCAL und SETLOCAL bieten sich beispielsweise die Befehle CD, PATH, DPATH, SUBST und SET an.

Durch die Verwendung der Syntax kann eine Stapelverarbeitungsdatei kompakter programmiert werden.

EXTPROC

Syntax

```
extproc stapelverarbeitungs_interpreter
[stap_int_parameter]
```

Die hier aufgeführten Stapelverarbeitungsbefehle werden alle von OS/2 interpretiert. Fortgeschrittene Anwender können jedoch auch eigene, externe Interpreter erstellen. Darauf kann mit diesem Befehl zugegriffen werden.

<u>Hinweis:</u> Dieser Befehl muß in einer Stapelverarbeitungsdatei in der ersten Zeile erscheinen.

FOR

Syntax

```
for %%buchstabe IN (liste) DO anweisung
```

Wenn eine Anweisung auf eine Gruppe von Dateien angewendet werden soll, kann mit dieser Anweisung eine einfache Wiederholungsschleife programmiert werden. Auch eine Folge sequentieller Operationen kann so erstellt werden.

buchstabe kann ein einzelner Buchstabe sein. *%%A* wäre zum Beispiel ein Variablenname.

Die *liste* mit Anweisungen wird sequentiell abgearbeitet.
In *liste* können auch Namen mit Dateigruppenzeichen
vorkommen.

anweisung kann entweder eine OS/2-Anweisung oder der
Name einer ausführbaren Datei sein.

Beispiel

Alle Stapelverarbeitungsdateien im Standardverzeichnis
sollen angezeigt und danach nach Laufwerk D kopiert
werden:

```
FOR %%A IN ( *.CMD ) DO TYPE %%A & COPY %%A D:
```

GOTO

Syntax

goto :marke

Diese Anweisung erlaubt den Sprung (Programmverzwei-
gung) zu einer anderen Stelle in der Stapelverarbeitungsdatei. Die Stelle, zu der verzweigt werden soll, muß mit
der *marke*, der ein Doppelpunkt vorangestellt wird, bezeichnet sein.

Besonders leistungsstark ist dieser Befehl unter OS/2, weil
er mit Vergleichsoperatoren kombiniert werden kann. So
kann die Verzweigung zu einer Marke davon abhängig
gemacht werden, ob die Ausführung eines anderen Befehles erfolgreich verlaufen ist.

IF

Syntax

if [not] errorlevel zahl anweisung

if [not] zeichenkette1 == zeichenkette2 anweisung

if [not] exist dateiname anweisung

Diese Anweisung überprüft, ob eine Bedingung erfüllt ist.
Wird die gestellte Bedingung erfüllt, erfolgt die Ausführung des Befehls *anweisung*. Durch Einfügen von *not* kann
die Bedeutung der Bedingung negiert werden: *anweisung*
wird nur dann ausgeführt, wenn die Bedingung *nicht* erfüllt wird.

Errorlevel (Rückgabecode) ist eine numerische Fehlermeldung, die OS/2 ausgibt, wenn eine Anweisung nicht ord-
nungsgemäß ausgeführt werden konnte. Diese Zahl ist
normalerweise größer als Null. *anweisung* wird ausgeführt,
wenn *zahl* größer oder gleich der Fehlernummer ist.

Durch die Überprüfung von *zeichenketteX* wird eine *anweisung* ausgeführt, wenn die Zeichenketten identisch
sind. Üblicherweise wird einer der Zeichenketten ein Variablenname, wie *%1* oder *%%A* zugewiesen, so daß Ver-
gleiche in Abhängigkeit von einer Eingabe ausgeführt
werden können.

PAUSE

Syntax

pause

Diese Anweisung unterbricht die Abarbeitung der Stapelverarbeitungsdatei solange, bis eine Taste gedrückt wurde.
So kann der Anwender eine Pause für einen Diskettenwechsel oder zum Betätigen von CTRL-C erhalten.

REM

Syntax

rem text

Die Anweisung dient der Kommentierung einer umfangreichen Stapelverarbeitungsdatei. Zur besseren Kontrolle
und bei der Entwicklung komplexer Stapelverarbeitungsdateien können Bemerkungen eingefügt werden. Die meisten Programmiersprachen weisen diese Möglichkeit auf,
die auch genutzt werden sollte.

SHIFT

Syntax

shift

In Stapelverarbeitungsdateien stehen normalerweise nur
neun Parameter zur Verfügung. Die Anweisung SHIFT
verschiebt die Inhalte der Variablen, so daß weitere Variablen definiert werden können. Nach der Eingabe von
SHIFT erhält die Variable %3 den Wert, der zuvor in der
Variable %2 gespeichert war und %9 übergibt seinen Wert
an einen zehnten Parameter, der zuvor nicht zur Verfügung stand.

Konfigurieren des Computers

Ein Computer, der mit dem Betriebssystem OS/2 arbeitet, wird mit Hilfe der folgenden Dateien konfiguriert: CONFIG.SYS, STARTUP.CMD, OS2INIT.CMD und AUTOEXEC.BAT.

Nach dem Einschalten wird von diesen vier Dateien zuerst CONFIG.SYS gelesen. Hier findet das Betriebssystem Informationen über die zu ladenden Gerätetreiber, die gewünschten Länderformate und etwaige Parameter für das Multitasking.

Danach wird die Stapelverarbeitungsdatei STARTUP.CMD ausgeführt. Mit dieser Datei können Bildschirmgruppen automatisch gestartet werden. Sie kann mit allen Stapelverarbeitungsbefehlen programmiert werden und wird nur einmal ausgeführt. Kann diese Datei nicht gefunden werden, erscheint zunächst der SESSION MANAGER auf dem Bildschirm.

Der Start von OS/2 erlaubt das individuelle Konfigurieren jeder Bildschirmgruppe. Hierzu steht die Datei OS2INIT.CMD zur Verfügung. Sie entspricht in ihrer Wirkung etwa der AUTOEXEC.BAT-Datei des Betriebssystems MS-DOS bzw. der DOS-Kompatibilitätsbox. OS2INIT legt also die Werte von PATH und DPATH, PROMPT, SET usw. fest und erlaubt den Start einer speziell darauf zugeschnittenen Bildschirmgruppe. OS2INIT wird beim Start jeder Bildschirmgruppe ausgeführt.

Wenn die DOS-Kompatibilitätsbildschirmgruppe gestartet wird, erfolgt die Konfiguration derselben mit der Datei AUTOEXEC.BAT. Das entspricht dem Ablauf beim Start eines MS-DOS-Systems.

CONFIG.SYS

Die Datei CONFIG.SYS ist eine normale ASCII-Datei, die beim Systemstart gelesen wird. Darin befinden sich Informationen, mit denen das Betriebssystem den Computer anpassen kann.

Deutschsprachige Anwender werden hier vor allem das korrekte Länderformat wählen und die Zahl der Puffer (BUFFERS) einstellen. Mit der Datei CONFIG.SYS ist eine weitgehende Anpassung des Betriebssystems möglich.

BREAK

Syntax

break = (on) (off)

(Nur DOS-Kompatibilitätsmodus)

Standardwert = off

Mit dieser Anweisung wird bestimmt, ob der Computer zwischen einzelnen Anweisungen überprüfen soll, ob die Tastenkombination CTRL-C gedrückt wurde. Die Einstellung BREAK = ON verlangsamt die Ausführung.

Empfehlung

BREAK sollte auf ON gesetzt werden, wenn Programme getestet werden.

BUFFERS

Syntax

buffers = zahl_puffer

Standardwert = 3

Die Anweisung bestimmt, wieviele Puffer als Ein-/Ausgabepuffer für den Zugriff auf Disketten und Festplatten bereitgestellt werden. Ein Puffer ist ein reservierter Zwischenspeicher mit einer Größe von 512 Bytes.

<u>Hinweis:</u> Eine Einstellung zwischen 10 und 20 sollte für viele Anwendungen ausreichend sein. Bei sehr vielen Unterverzeichnisebenen (mehr als fünf) kann die Anzahl der benötigten Puffer bis zu 30 betragen.

CODEPAGE

Syntax

codepage = erste_code_seite [, zweite_code_seite]

Standardwert: Ohne die Anweisung CODEPAGE wird die Standardvorgabe der Anweisung COUNTRY entnommen.

Eine Codeseite enthält die Buchstaben des Alphabetes für Länder, die nicht den amerikanischen Zeichensatz benutzen. Die Einstellung in CODEPAGE hat gegenüber der Einstellung durch COUNTRY eine höhere Priorität.

Die Version 1.0 von OS/2 stellt folgende Codeseiten zur Verfügung:

437	IBM US
860	Portugiesisch
863	Kanadisch-Französisch
865	Nordische Sprachen

<u>Hinweis:</u> Für jede Geräteinheit, die mit Codeseiten konfiguriert werden soll, muß eine DEVINFO-Anweisung in die Datei CONFIG.SYS aufgenommen werden.

Weitere Hinweise zur Konfiguration mit fremdsprachlichen Symbolen sind bei den Anweisungen COUNTRY, GRAFTABL, DEVINFO und CHCP zu finden.

COUNTRY

Syntax

country = länder_code

Standardwert = 001

Mit dieser Anweisung kann man länderspezifische Zeichensätze und Tastaturbelegungen wählen.

länder_code muß aus folgender Tabelle entnommen sein. Ein Asteriskzeichen bedeutet, daß das Vorhandensein des Ländercodes von der speziellen Version von OS/2 abhängen kann.

Land	länder_code	code_seite	Keybxx
* Arabisch	785	437	
* Asien (engl.)	099	437,850	
Australien	061	437,850	
Belgien	032	437,850	BE
* China (PRC)	086		
Dänemark	045	865,850	DK
Deutschland	049	437,850	GR
Finnland	358	437,850	SU
Frankreich	033	437,850	FR
Großbritannien	044	437,850	UK

* Israel	972	437	
Italien	039	437,850	IT
* Japan	081		
Kanada (engl.)	001	437,850	
Kanada (frz.)	002	863,850	CF
* Korea	082		
Lateinamerika	003	437,850	LA
Niederlande	031	437,850	NL
Norwegen	047	865,850	NO
Portugal 351		860,850	PO
Schweden	046	437,850	SV
Schweiz	041	437,850	SF,SG
Spanien	034	437,850	SP
* Taiwan 088			
USA	001	437,850	US

DEVICE

Syntax

device = [geräte_name:][pfad] geräte_treiber [argumente]
Standardwerte: keine

für die Kommunikation mit dem Computer benötigen viele Peripheriegeräte sogenannte *Gerätetreiber*. Das sind Programme, die den korrekten Datentransfer zwischen der Zentraleinheit und dem entsprechenden Peripheriegerät sicherstellen.

Für jeden Gerätetreiber muß eine eigene DEVICE-Anweisung in die Datei CONFIG.SYS aufgenommen werden.

Zusammenstellung verfügbarer Gerätetreiber

ANSI.SYS

ANSI.SYS

Installiert die ANSI-Steuerzeichen im DOS-Kompatibilitätsmodus.

COM01.SYS

Installiert die ansynchrone Kommunikation mit der seriellen Schnittstelle.
Für alle OS/2-Computer (außer PS/2): unterstützt COM1 und COM2.

COM02.SYS

Installiert die ansynchrone Kommunikation mit der seriellen Schnittstelle.
Nur für IBM PS/2: unterstützt COM1, COM2 und COM3.

EGA.SYS

EGA.SYS

Installiert die Mausunterstützung in den EGA-Modi 14, 15 und 16.

EXTDSKDD.SYS

EXTDSKDD.SYS /D:laufwerk_nummer [/C][/F gerät_typ][/H max_köpfe]
[/N][/S:sektoren_je_spur][/T:spuren_je_seite]
Läßt externe Diskettenlaufwerke installieren.

Optionen

/*D*. Die Angabe der Laufwerksnummer zwischen 0 und 255 erfolgt hinter dieser Option. Das erste externe Laufwerk trägt die Nummer 2

/*C*. Das Laufwerk ist in der Lage, eine geöffnete Laufwerksklappe zu erkennen, wenn die Option angegeben wurde.

/*F*. Angabe des Laufwerkstyps:

  0 = 5 1/4-Zoll, 360 Kbyte

  1 = 5 1/4-Zoll, 1,2 Mbyte

  2 = 3 1/2-Zoll, 720 Kbyte (Standardeinstellung)

/*H*. Maximale Anzahl Schreib-/Leseköpfe; Standard = 2, Angabe von 1 bis 99 möglich.

/*N*. Bezeichnung für Festplatte oder anderen nicht austauschbaren Datenträger.

/*S*. Sektoren pro Spur: Standard = 9; Angabe von 1 bis 99 möglich.

/*T*. Anzahl Spuren pro Seite: Standard = 80; Angabe von 1 bis 999 möglich.

MOUSExxx.SYS

MOUSEXXX.SYS [,seriell = schnittstelle]
[,mode = prozedur][,qsize = größe_puffer]

Installiert Maustreiber für OS/2.

Für ATs und Kompatible muß *xxx* aus folgender Tabelle gewählt werden:

xxx	Hersteller
A00	Mouse Systems
A01	Visi-On Mouse
A02	Microsoft Bus Mouse (seriell)
A03	Microsoft Bus Mouse (parallel)
A05	Microsoft InPort Mouse

Für PS/2-Systeme wird *xxx* aus folgender Tabelle gewählt:

xxx	Hersteller
B00	Mouse Systems
B01	Visi-On Mouse
B02	Microsoft Bus Mouse (seriell)
A05	IBM In-board Mouse

schnittstelle: Serielle Mäuse am AT: COM1 oder COM2.

PS/2-Mäuse: COM1 bis COM8, Standardwert = COM1.

prozedur wird wie folgt eingestellt: *R* - nur *Real Mode*, *P* - nur *Protected Mode* und *B* - beides.

größe_puffer bestimmt die Puffergröße für Mausbewegungen. Der Standardwert beträgt 10, die Eingabe von Werten zwischen 1 und 100 ist möglich.

POINTDD.SYS

POINTDD.SYS

Installiert einen Mauszeiger auf dem Bildschirm.

VDISK.SYS

VDISK.SYS = [disk_größe][,sektoren_größe]
[,max_Stammverzeichniseinträge]

Installiert eine RAM-Disk.

disk_größe wird in Kbyte angegeben. Der Standardwert ist H 64, die Minimalgröße beträgt 16 Kbytes.

sektoren_größe ist die Sektorengröße in Bytes. Der Standardwert ist 128. Mögliche Einstellungen sind 128, 256, 512 und 1024.

max_Stammverzeichniseinträge legt die Anzahl der maximalen Einträge im Stammverzeichnis fest. Der Standardwert ist 64. Es können Werte zwischen 2 und 1024 angegeben werden.

DEVINFO

Syntax

devinfo = einheiten_typ, sub_typ, [laufwerk:] [pfad] dateiname_tabelle [ROM =(code_seite1 [, code_seite2])]

Standardwerte: keine

Zur Verwendung der Codeseiten benötigt OS/2 Informationen über die Geräteeinheiten, die die Codeseiten einsetzen sollen.

Einheitentyp kann einer der folgenden Typen sein:

KBD	Tastatur
PRN, LPT1, LPT2, LPT3	Drucker
SCR	Bildschirm

sub_typ spezifiziert die physikalischen Gegebenheiten der angesprochenen Einheit. Für die Tastatur sollte der 2-Buchstaben-Tastaturcode verwendet werden. Hinter SCR muß entweder EGA, VGA oder BGA angegeben werden. Für den IBM Proprinter lautet der Code 4201, für den Quietwriter 5202.

dateiname_tabelle ist die Datei, die die Tabellen mit den Codeseiten für die angesprochene Einheit enthält. Für die Tastatur heißt die Datei KEYBOARD.DCP und für den Bildschirm VIOTBL.DCP. sub_typ.DCP muß druckerspezifisch angegeben werden. Die Dateien sollten entweder im Stammverzeichnis oder im Verzeichnis OS2SYS stehen.

Die Option *ROM* erlaubt die Angabe von zwei Codeseiten, die im ROM oder in einem speziellen Cartridge enthalten sind. Die Codeseiten müssen den Angaben in der Anweisung CODEPAGE entsprechen.

DISKCACHE

Syntax

diskcache = größe

Standardwert: 64

Dieser Befehl ist nur für IBM OS/2 auf PS/2 Modell 50, 60, 70 und 80 verfügbar.

Die Anweisung legt die Größe eines Cache-Speichers für den Zugriff auf Disketten und Festplatten fest.

größe ist die gewünschte Größe des Speichers in Kbyte. Diese Angabe muß zwischen 64 und 7200 liegen. Die Angabe einer hohen Zahl bewirkt einen schnelleren Plattenzugriff bei weniger freiem RAM.

FCBS

Syntax

fcbs = anzahl_dateien, nummer_nicht_schließen

(Nur DOS-Kompatibilitätsmodus)

Standardwert = 4,0

Diese Anweisung legt fest, wieviele Dateikontrollblöcke von OS/2 gleichzeitig offengehalten werden können. Wenn ein Programm den Versuch unternimmt, weitere Dateien zu öffnen, schließt OS/2 Dateien, um Raum hierfür zu schaffen. Die erste Nummer der Angabe *nummer_nicht_schließen* wird dabei jedoch nicht geschlossen.

<u>Hinweis:</u> Nur spezielle Programme benötigen diese Konfiguration, so daß gegebenenfalls im Handbuch darauf hingewiesen wird.

IOPL

Syntax

iopl = (YES) (NO)

Standardwert = NO

OS/2 verhindert in der Multitasking-Umgebung zur Vermeidung von Kollisionen den Zugriff von Software auf der unteren Ebene. Falls ein Program dies jedoch ausdrücklich benötigt, kann IOPL auf YES gesetzt werden. IOPL wird nur in Ausnahmefällen auf YES gesetzt.

LIBPATH

Syntax

libpath = laufwerk:pfad_name [;laufwerk2:pfadname][...]

Standardwert = Stammverzeichnis der Systemdiskette

OS/2-Programme können auf Funktionen dynamisch zugreifen. LIBPATH gibt an, wo dynamische Link-Bibliotheken gefunden werden können. Die genannten Verzeichnisse werden in der angegebenen Reihenfolge durchsucht.

MAXWAIT

Syntax

maxwait = warte_zeit

Standardwert = 3

OS/2 schaltet andauernd zwischen laufenden Programmen um. Diese Anweisung legt fest, wie lange ein gerade auf den Arbeitsablaufbeginn wartendes Programm ohne CPU-Bearbeitung auf die Fortsetzung der Bearbeitung maximal warten kann. Ist die angegebene Zeit verstrichen, wird die Programmbearbeitung durch eine Erhöhung der Priorität erzwungen.

warte_zeit wird in Sekunden angegeben.

MEMMAN

Syntax

memman = SWAP, MOVE

memman = NOSWAP, MOVE

memman = NOSWAP, NOMOVE

Standardwerte:

Systemstart von Festplatte: MEMMAN = SWAP, MOVE

Systemstart von Diskette: MEMMAN = NOSWAP, MO-
VE

Sollte ein Programm mehr Speicher benötigen, als RAM
zur Verfügung steht, können Teile auf Externspeicher
ausgelagert werden (*swap*). Bei mehreren parallel arbei-
tenden Anwendungen können Engpässe besonders bei we-
nig verfügbarem RAM vorkommen, die durch die Ausla-
gerung umgangen werden können.

SWAP erlaubt die Zwischenlagerung; NOSWAP verhindert
sie.

OS/2 kann bei mehreren aktivierten Programmen eine Be-
arbeitungsoptimierung vornehmen, wenn die Adressen zu-
geordneter Speicherbereiche verschoben werden können.

MOVE erlaubt diese Verschiebung; NOMOVE unterbindet
sie.

PRIORITY

Syntax

priority = (ABSOLUTE)(DYNAMIC)

Standardwert = DYNAMIC

Zwischen den verschiedenen gleichzeitig aktivierten Programmen schaltet OS/2 auf Grundlage von 32 Prioritäts-
stufen um. Wenn ein Prozeß längere Zeit nicht bearbeitet
wurde, steigt seine Priorität. Die Erkennung zeitkritischer
Aufgaben ist Teil des Paketes zur Bewältigung der dynamischen Umschaltung.

PRIORITY = ABSOLUTE dagegen bearbeitet die Programme auf der Grundlage von "Wer zuerst kommt, mahlt
zuerst". Die meisten Anwender benötigen diese Option
nicht.

PROTECTONLY

Syntax

protectonly = (YES)(NO)

Standardwert = NO

Neben der Multitasking-Umgebung stellt OS/2 auch einen
DOS-Kompatibilitätsmodus zur Verfügung. Das ist zur
Verwendung älterer Programme zwar praktisch, benötigt
aber 640 Kbyte Speicher. Sollen ausschließlich Applikationen im Protected Mode betrieben werden, kann man
durch Einstellen von PROTECTONLY = YES diese 640
Kbyte Speicher für OS/2 gewinnen.

PROTSHELL

Syntax

protshell = [laufwerk:][pfad_name] shell_programm
[argumente]

Standardwert = OS/2 SESSION MANAGER entsprechend

```
PROTSHELL = DMPC.EXE SHELL11F.CNF SHELL11F.EXE CMD.EXE
```

oder

```
PROTSHELL = DMPC.EXE SHELL11F.CNF SHELL11F.EXE CMD.EXE/K
OS2INIT.CMD
```

Erfahrene Anwender können mit dieser Anweisung eine
andere Shell als den SESSION MANAGER einbinden und
einen anderen Befehlsinterpreter als CMD.EXE aufrufen.

Hinweis

Bei Änderung des Befehlsinterpreters muß COMSPEC
ebenfalls angepaßt werden.

RMSIZE

Syntax

rmsize = kbytes_reservieren

Standardwerte:

> *Mit Extended Memory:* RMSIZE = 640 oder 512
>
> *Ohne Extended Memory:* Gesamter RAM-Speicher minus Mindestgröße für Protected Mode

Um dem Protected Mode bei Bedarf möglichst viel Speicher überlassen zu können, ermöglicht diese Option die
Angabe des minimalen, tatsächlich benötigten Speichers
für den DOS-Kompatibilitätsmodus.

REM

Syntax

rem KOMMENTAR

Standardwert: keiner

Die Anweisung erlaubt die Kommentierung einer CON-
FIG.SYS-Datei. Da diese unter OS/2 an Komplexität erheblich zugenommen hat und beim Start des Systems eine
Schlüsselrolle einnimmt, sollte stets eine vollständige
Kommentierung vorgenommen werden.

RUN

Syntax

run = [laufwerk:][pfad_name] programm_name
[programmparameter]

Standardwert: keiner

Die Option erlaubt den automatischen Start von Programmen, die keine Tastatureingabe benötigen. Sie laufen im
Hintergrund ab und können mit speicherresidenten DOS-
Utilities verglichen werden. In einer CONFIG.SYS-Datei
können mehrere RUN-Anweisungen vorkommen.

Hinweis: Mit RUN sollten Programme gestartet werden, die von allen Bildschirmgruppen aus zugänglich sein sollen und von der Tastatur aus aktiviert werden können.

Weitere Hinweise zum automatischen Start von Programmen finden Sie bei START.

SHELL

Syntax

shell [laufwerk:][pfad_name] programm_name [parameter]
[/P][/E]

Standardwert = COMMAND.COM /P

Erfahrene Anwender können mit dieser Anweisung einen
alternativen DOS-Befehlsinterpreter installieren.

Die Option /E erlaubt die Ausdehnung der DOS-Umge-
bungsgröße.

SWAPPATH

Syntax

swappath = laufwerk: [verzeichnis]

Standardwert = C:\

SWAPPATH ist das Verzeichnis, das zur Zwischenlagerung von Dateien bei SWAP-Operationen verwendet werden kann (siehe MEMMAN).

Hinweis: Die Verarbeitungsgeschwindigkeit nimmt zu, wenn das schnellste
verwendbare Laufwerk als SWAP-Laufwerk angegeben wird.

THREADS

Syntax

threads = anzahl_aufgaben

Standardwert = 48

Dieser Befehl legt fest, wieviele Aufgaben (*tasks*) von
OS/2 gleichzeitig bearbeitet werden können.

anzahl_aufgaben ist eine Zahl zwischen 16 und 255. Die
Angabe einer hohen Zahl vermindert die Anzahl der Programme, die gleichzeitig unter OS/2 laufen können.

Hinweis: Es gibt Programme, die gleichzeitig mehrere Aufgaben ausführen.
Das darf nicht mit der Zahl der aktuellen Anwenderprogramme verwechselt
werden.

TIMESLICE

Syntax

timeslice = min_zeit [, max_zeit]

Der Standardwert wird von OS/2 eingestellt.

Mit dieser Anweisung kann direkt auf die Zuordnung von
CPU-Zeit für eine bestimmte Aufgabe Einfluß genommen
werden. Da OS/2 eine optimierte Laufzeitumgebung für
mehrere Programme darstellt, sollte die Anweisung nur
bei ausdrücklichem Bedarf (Hinweis in einem Handbuch)
verändert werden.

min_zeit und *max_zeit* werden in Millisekunden angegeben.

min_zeit muß größer als 31 sein.

Schlüssel für das Arbeiten mit OS/2

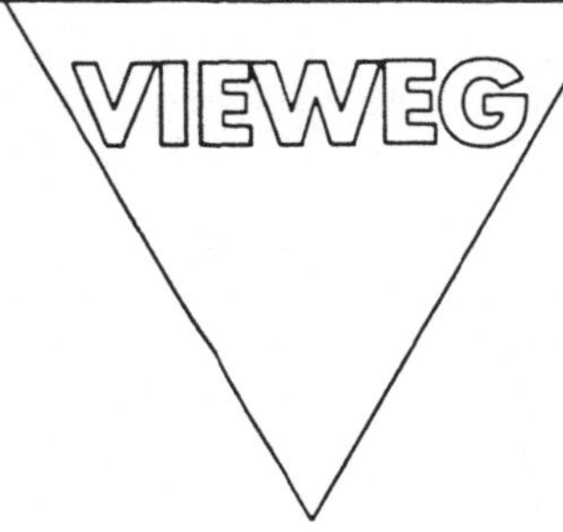

„... griffbereit!"

Wer kennt das nicht: Man sitzt am Computer, arbeitet mit DOS oder Word etc. und sucht nach einem bestimmten Befehl. Möglichst schnell und präzise möchte man wissen, wie man ihn einsetzen kann. Hier hilft die Reihe „... griffbereit". Alle Titel dieser Reihe enthalten prägnante und praxisgerechte Beschreibungen der jeweiligen Befehle in alphabetischer Reihenfolge: Schnelle, präzise Informationen, griffbereit neben dem Computer. Zusammen mit einem Schlüsselverzeichnis, das dem Benutzer den Weg weist vom konkreten Problem zu den entsprechenden Befehlen, stellt jeder Band eine zuverlässige Hilfe für den PC-Nutzer dar.

Aus der erfolgreichen Reihe sind lieferbar:

dBASE III Plus griffbereit
Ein Microsoft Press/Vieweg-Buch. 1987. XVI, 67 S. Kart.

MS-DOS griffbereit
Ein Microsoft Press/Vieweg-Buch. 2., verb. und erw. Aufl. 1987. X, 44 S. Kart.

Turbo Pascal griffbereit
Für alle Turbo-Versionen einschl. 4.0. 1988. X, 87 S. Kart.

Microsoft Multiplan griffbereit
Für alle Multiplan-Versionen einschl. 3.0. 1988. VIII, 58 S. Kart.

Microsoft Word griffbereit
1988. VIII, 48 S. Kart.

Lotus 1 – 2 – 3 griffbereit. Makroprogrammierung
1988. VIII, 44 S. Kart.

Lotus 1 – 2 – 3 griffbereit. Bedienung
1988. XIV, 51 S. Kart.

In Vorbereitung sind:

Framework III griffbereit
1988. Ca. 80 S. Kart.

HyperCard griffbereit
1988. Ca. 80 S. Kart.